Suppen &
Soupes

Anne-Catherine Bley

Suppen & Soupes

Die 100 besten Rezepte von leicht bis herzhaft

Fotografie FRÉDÉRIC LUCANO
Foodstyling SONIA LUCANO

CHRISTIAN

EINE KURZE EINFÜHRUNG

Nicht dass ich als Kind in einen Suppentopf gefallen oder eine begnadete Köchin wäre. Ich bin – wie vermutlich auch Sie – einfach nur der Überzeugung, dass jeder von uns viel Gemüse essen sollte, da es, abgesehen vom Geschmack, eine Vielzahl gesundheitlicher Vorzüge hat. Und weil ich, bis auf wenige Ausnahmen, kein großer Fan von gedämpftem Gemüse bin, suchte ich nach einer Möglichkeit, das Kilo Karotten in meinem Kühlschrank, das darauf wartete, verzehrt zu werden, auf schnelle, einfache Weise zuzubereiten – und vor allem, ohne um sieben Uhr abends hinterher noch in der Küche Großputz machen zu müssen!

Und so kam ich auf die Idee, Suppen zu kochen. Ich finde, sie sind ein ideales Gericht für alle, die sich gesund ernähren möchten. Anregungen fand ich überall zuhauf, und so entstanden mal klassische (Linsen mit Räucherwurst) und mal eher ungewöhnliche Kombinationen wie Knollensellerie mit Birnen, Steckrüben mit Ahornsirup oder Kürbis mit Äpfeln oder Avocado … Die Palette der Kombinationsmöglichkeiten ist nahezu unerschöpflich. Sie finden in diesem Buch nicht nur die Grundrezepte, sondern auch eine Reihe eher ungewöhnlicher Abwandlungen. Unbedingt ausprobieren sollten Sie die kalten Suppen. An heißen Tagen gibt es einfach nichts Besseres!

Selbst Rote Bete werden Sie in Zukunft nicht mehr links liegen lassen, finden Sie hier doch tolle Anregungen für ihre Zubereitung etwa als kalte Suppe mit Orangen.

Und wenn Sie das nächste Mal für ein Abendessen mit Freunden eine Suppe beisteuern wollen, werden Sie richtig stolz sein, wenn man Sie bittet: „Ach, mach doch noch mal die Suppe, die du letztes Mal gekocht hast. Die war einfach köstlich!"

Versprochen!

Heiße Suppen

Samtsuppen, Cremesuppen
& gebundene Suppen

KAROTTENCREMESUPPE MIT FRISCHEM KORIANDERGRÜN *(Rezept Seite 10)*

KAROTTENCREMESUPPE

Für 6 Personen
Vorbereitung: 20 Minuten
Kochzeit: 30 Minuten

1 kg Karotten
3 schöne Zwiebeln
2 TL Olivenöl
½ TL gemahlener Koriander
(nach Belieben)
1½ l Gemüsebouillon (Rezept
Seite 122) oder Wasser
Salz, Pfeffer
100 ml Sahne

Die Karotten putzen und in Scheiben schneiden. Die Zwiebeln schälen, fein schneiden und in einem Topf in dem Öl in etwa 5 Minuten bei sehr geringer Hitze glasig schwitzen. Dabei nach Belieben den Koriander hinzufügen und gelegentlich umrühren. Die Karotten dazugeben, unterrühren, Bouillon oder Wasser angießen und mit Salz würzen.

Bei starker Hitze aufkochen lassen, dann die Wärmezufuhr wieder verringern und die Karotten etwa 30 Minuten köcheln lassen, bis sie sehr weich sind. Den Topf vom Herd nehmen und die Sahne einrühren. Die Suppe pürieren und mit Salz und Pfeffer abschmecken.

MIT FRISCHEM KORIANDERGRÜN *(Foto Seite 9)*

+ 1 Bund Koriandergrün

Die Karottencremesuppe wie oben beschrieben zubereiten. Die Korianderblätter von den Stielen zupfen, fein hacken und die Suppe vor dem Servieren damit bestreuen.

KAROTTENSUPPE MIT SELLERIE UND APFEL

Für 6 Personen
Vorbereitung: 30 Minuten
Kochzeit: 30 Minuten

800 g Karotten
3 Stangen Staudensellerie
3 säuerliche Äpfel (beispielsweise
Boskop)
2 Zwiebeln
2 TL Olivenöl
Salz, Pfeffer
einige Zweige glatte Petersilie

Die Karotten putzen und in Scheiben schneiden. Den Sellerie (die Blätter vorher entfernen) klein schneiden. Die Äpfel schälen, halbieren, vom Kerngehäuse befreien und in Spalten schneiden. Die Zwiebeln schälen und fein schneiden. Das Öl in einem Topf erhitzen und die Zwiebeln mit dem Sellerie darin 10 Minuten bei geringer Hitze anbraten. Dabei gelegentlich umrühren. Inzwischen die Petersilienblätter fein schneiden.

Karotten und Äpfel in den Topf geben, einen Liter Wasser angießen und mit Salz würzen. Bei starker Hitze aufkochen und dann etwa 30 Minuten bei geringer Hitze köcheln lassen, bis die Karotten sehr weich sind. Die Suppe fein pürieren, abschmecken und vor dem Servieren mit der fein geschnittenen Petersilie bestreuen.

KAROTTENSUPPE MIT SELLERIE UND APFEL

KAROTTEN-ORANGEN-SUPPE

Für 6 Personen
Vorbereitung: 25 Minuten
Kochzeit: 30 Minuten

1 kg Karotten
3 schöne Zwiebeln
2 TL Olivenöl
Salz, Pfeffer
250 ml Orangensaft
1 unbehandelte Orange

Die Karotten putzen und in Scheiben schneiden. Die Zwiebeln schälen und fein würfeln.

Das Öl in einem Topf erhitzen und die Zwiebeln darin etwa 5 Minuten bei sehr geringer Hitze glasig schwitzen. Dabei gelegentlich umrühren. Die Karotten dazugeben, umrühren, 1½ Liter Wasser angießen und mit Salz würzen. Bei starker Hitze aufkochen, die Wärmezufuhr danach verringern und die Karotten etwa 30 Minuten köcheln lassen, bis sie sehr weich sind. Die Suppe pürieren und den Orangensaft einrühren.

Die Suppe umrühren und abschmecken. Etwas Orangenschale in ganz feinen Zesten abschälen und vor dem Servieren über die Suppe streuen.

KAROTTENCREMESUPPE MIT KREUZKÜMMEL

Für 6 Personen
Vorbereitung: 25 Minuten
Kochzeit: 30 Minuten

1 kg Karotten
3 schöne Zwiebeln
2 TL Olivenöl
½ TL gemahlener Kreuzkümmel
1½ l Geflügel- oder Gemüsebouillon (Rezepte Seite 122
und 128) oder Wasser
Salz, Pfeffer
100 ml Sahne
1 EL Kreuzkümmelsamen

Die Karotten putzen und in Scheiben schneiden. Die Zwiebeln schälen und fein würfeln.

Das Öl in einem Topf erhitzen und die Zwiebeln mit dem gemahlenen Kreuzkümmel darin etwa 5 Minuten bei sehr geringer Hitze glasig schwitzen. Dabei gelegentlich umrühren. Die Karotten dazugeben, umrühren, 1½ Liter Bouillon oder Wasser angießen und mit Salz würzen. Bei starker Hitze aufkochen, dann die Wärmezufuhr verringern und die Karotten etwa 30 Minuten köcheln lassen, bis sie sehr weich sind. Die Suppe pürieren und abschmecken.

Den Topf vom Herd nehmen, die Sahne und die Kreuzkümmelsamen hinzufügen und gut unterrühren, damit der Kreuzkümmel sein Aroma entfalten kann.

KAROTTEN-KOKOS-SUPPE

Für 6 Personen
Vorbereitung: 25 Minuten
Kochzeit: 30 Minuten

1 kg Karotten
2 Zwiebeln
1 TL gemahlener Koriander
1 TL gemahlener Kreuzkümmel
1 TL gemahlener Zimt
1 EL Olivenöl
1½ l Gemüsebouillon (Rezept
Seite 122) oder Wasser
1 kleine Dose (200 ml)
Kokosmilch
Salz, Pfeffer

Die Karotten putzen und in Scheiben schneiden. Die Zwiebeln schälen, fein würfeln und mit den Gewürzen im Olivenöl bei schwacher Hitze goldgelb anschwitzen.

Die Karottenscheiben dazugeben, mit Bouillon oder Wasser bedecken, bei starker Hitze aufkochen und dann in etwa 30 Minuten bei geringer Hitze sehr weich garen.

Den Topf vom Herd nehmen, die Kokosmilch hinzufügen, die Suppe fein pürieren und mit Salz und Pfeffer abschmecken.

Tipp: Die Suppe kann auch kalt gegessen werden. Dann vor dem Servieren für mindestens 2 Stunden in den Kühlschrank stellen.

KÜRBISCREMESUPPE

Für 4–5 Personen
Vorbereitung: 20 Minuten
Kochzeit: 20 Minuten

1,2 kg Butternusskürbis
(etwa 800 g Fruchtfleisch)
2 Zwiebeln
1 Knoblauchzehe
2 TL Olivenöl
750 ml Geflügelbouillon (Rezept
Seite 128) oder Wasser
Salz
100 ml Sahne
Muskatnuss

Den Kürbis schälen, die Kerne und das faserige Innere entfernen und das Fruchtfleisch klein schneiden.

Zwiebeln und Knoblauch schälen und fein würfeln. Das Öl bei niedriger Temperatur in einem Topf erhitzen und beides darin in etwa 5 Minuten glasig schwitzen.

Den Kürbis dazugeben, Bouillon oder Wasser angießen (da der Kürbis viel Flüssigkeit enthält, muss er nicht bedeckt sein, sollte aber während des Kochens ein- bis zweimal umgerührt werden) und mit Salz würzen. Bei starker Hitze aufkochen lassen, dann die Wärmezufuhr verringern und den Kürbis in etwa 20 Minuten weich garen. Anschließend einen Teil der Kochflüssigkeit abschöpfen. Den Kürbis fein pürieren und dabei gegebenenfalls wieder etwas Kochflüssigkeit hinzufügen, damit die Suppe die gewünschte Konsistenz bekommt.

Die Sahne einrühren, etwas Muskatnuss darüberreiben und die Suppe abschmecken.

KÜRBISCREMESUPPE MIT ZIMT UND INGWER *(Rezept Seite 22)*

KÜRBISCREMESUPPE MIT HASELNÜSSEN *(Rezept Seite 22)*

KÜRBISCREMESUPPE – VARIATIONEN

MIT ZIMT UND INGWER *(Foto Seite 20)*

+ 1 kleines Stück frischer Ingwer
+ 2 TL gemahlener Zimt

Den Ingwer schälen und ganz fein würfeln. Die Suppe wie auf Seite 18 beschrieben zubereiten, aber den Ingwer zusammen mit der Zwiebel anschwitzen. Die Suppe vor dem Servieren mit dem Zimt bestreuen.

MIT HASELNÜSSEN *(Foto Seite 21)*

+ 100 g Haselnüsse, gehackt (nach Belieben geröstet)

Die Suppe wie auf Seite 18 beschrieben zubereiten und vor dem Servieren mit den gehackten Haselnüssen bestreuen.

MIT MARONEN *(Foto Seite 23)*

Kochzeit der Maronen: 15 Minuten

+ 500 g frische Maronen oder küchenfertige Maronen aus der Dose oder vakuumiert

Die Schale der frischen Maronen kreuzweise einritzen und die Maronen 5 Minuten blanchieren. Abgießen und Schalen und Häutchen entfernen. Die Maronen anschließend 10–15 Minuten bei geöffnetem Topf in etwas Salzwasser garen. Einige Kastanien zum Garnieren beiseitelegen.

Die Suppe wie auf Seite 18 beschrieben zubereiten und am Ende der Kochzeit die vorbereiteten, heißen Kastanien dazugeben.

Die Suppe grob pürieren, auf Teller verteilen und mit den restlichen klein geschnittenen Kastanien bestreuen.

KÜRBISSUPPE MIT EDELPILZKÄSE

Für 4–5 Personen
Vorbereitung: 20 Minuten
Kochzeit: 25 Minuten

1,2 kg Muskatkürbis (etwa
800 g Fruchtfleisch)
2 Zwiebeln
1 Knoblauchzehe
2 TL Olivenöl
750 ml Gemüsebouillon (Rezept
Seite 122) oder Wasser
Salz
100 g Crème fraîche
Muskatnuss
½ Scheibe Blauschimmelkäse
(beispielsweise Fourme
d'Ambert)

Den Kürbis schälen, die Kerne und das faserige Innere entfernen und das Fruchtfleisch klein schneiden.

Zwiebeln und Knoblauch schälen und fein würfeln.
Das Öl bei schwacher bis mittlerer Temperatur in einem Topf erhitzen und Zwiebel- und Knoblauchwürfel darin in etwa 5 Minuten glasig schwitzen.

Den Kürbis dazugeben, Bouillon oder Wasser angießen (da der Kürbis viel Flüssigkeit enthält, muss er nicht bedeckt sein, sollte aber während des Kochens ein- bis zweimal umgerührt werden) und mit Salz würzen. Bei starker Hitze aufkochen lassen, dann die Wärmezufuhr reduzieren und den Kürbis in etwa 25 Minuten sehr weich garen. Anschließend einen Teil der Kochflüssigkeit abschöpfen und aufbewahren. Den Kürbis fein pürieren und dabei gegebenenfalls noch etwas Kochflüssigkeit hinzufügen, damit die Suppe die gewünschte Konsistenz bekommt.

Die Crème fraîche leicht unterziehen, etwas Muskatnuss darüberreiben und die Suppe abschmecken.

Den Käse klein würfeln und über die Suppe streuen.

Tipp: Man kann jeden beliebigen Blauschimmelkäse nehmen, aber ich mag in Suppen am liebsten einen Fourme d'Ambert, denn er hat den Vorzug, dass er nicht zerläuft.

KÜRBISSUPPE MIT AVOCADO

Für 4–5 Personen
Vorbereitung: 25 Minuten
Kochzeit: 25 Minuten

1,4 kg Butternusskürbis (etwa
1 kg Fruchtfleisch)
2 Zwiebeln
1 Knoblauchzehe
2 TL Olivenöl
750 ml Geflügelbouillon
(Rezept Seite 128) oder Wasser
Salz
Muskatnuss
1 große oder 2 kleine reife
Avocados
Pfeffer oder Tabascosauce

Den Kürbis schälen, die Kerne und das faserige Innere entfernen und das Fruchtfleisch klein schneiden.

Zwiebeln und Knoblauch schälen, die Zwiebel fein schneiden, den Knoblauch zerdrücken. Das Öl in einem Topf erhitzen und beides darin etwa 5 Minuten unter gelegentlichem Rühren leicht anbraten.

Den Kürbis dazugeben, Wasser oder Geflügelbouillon angießen und mit Salz würzen. Bei starker Hitze aufkochen lassen, dann die Wärmezufuhr verringern und den Kürbis in etwa 25 Minuten sehr weich garen. Den Topf vom Herd nehmen, einen Teil der Kochflüssigkeit abschöpfen und aufbewahren. Den Kürbis pürieren und dabei gegebenenfalls noch etwas Kochflüssigkeit hinzufügen, damit die Suppe die gewünschte Konsistenz bekommt.

Etwas Muskatnuss über die Suppe reiben und diese abschmecken.

Die Avocado schälen, halbieren und den Kern entfernen. Das Fruchtfleisch fein würfeln und zur Suppe geben. Mit einem sehr guten Pfeffer oder Tabascosauce servieren, damit jeder am Tisch die Suppe nach seinem Geschmack würzen kann.

KÜRBISCREMESUPPE MIT MIESMUSCHELN

Für 4–5 Personen
Vorbereitung: 30 Minuten
Kochzeit: 25 Minuten

2 kg frische Miesmuscheln
1 kg Muskatkürbis (etwa
700 g Fruchtfleisch)
4 Schalotten
2 TL Olivenöl
Salz, Pfeffer
100 ml Sahne
100 ml Weißwein (nach
Belieben)
glatte Petersilie zum Garnieren

Die Muscheln gegebenenfalls säubern und waschen. Offene Muscheln, die sich auf Berührung nicht schließen, aussortieren. Mit 750 Milliliter Wasser in einen großen Topf geben und so lange kochen, bis sie sich geöffnet haben. In ein feines Sieb abgießen und die Kochflüssigkeit auffangen. Die Muscheln aus den Schalen lösen und beiseitestellen, ungeöffnete Exemplare wegwerfen.

Den Kürbis schälen, die Kerne und das faserige Innere entfernen und das Fruchtfleisch klein schneiden. Die Schalotten schälen und fein würfeln.

Das Öl in einem Topf erhitzen und die Schalotten einige Minuten darin anschwitzen. Den Kürbis und das Muschelwasser dazugeben und mit Salz würzen. Bei starker Hitze aufkochen lassen, dann die Wärmezufuhr reduzieren und den Kürbis in etwa 25 Minuten sehr weich garen.

Den Topf vom Herd nehmen, die Sahne hinzufügen und die Suppe fein pürieren. Nach Belieben den Wein einrühren, die Muscheln zur Suppe geben und diese mit Salz und Pfeffer abschmecken.

Die Suppe vor dem Servieren mit grob gehackter Petersilie bestreuen.

KÜRBISSAMTSUPPE MIT APFEL UND CURRY

Für 5–6 Personen
Vorbereitung: 15 Minuten
Kochzeit: 35 Minuten

1,2 kg Muskatkürbis (etwa
800 g Fruchtfleisch)
3 säuerliche Äpfel (beispielsweise
Boskop)
1 Zwiebel
1 Knoblauchzehe
1 kleines Stück Ingwer
2 TL Olivenöl
1 EL Currypulver
750 ml Gemüsebouillon (Rezept
Seite 122) oder Wasser
Salz, Pfeffer

Den Kürbis schälen, die Kerne und das faserige Innere entfernen und das Fruchtfleisch klein schneiden. Die Äpfel schälen, vom Kerngehäuse befreien und in Stücke schneiden. Zwiebel und Knoblauch schälen und fein würfeln. Den Ingwer schälen und fein hacken.

Das Öl in einem Topf erhitzen und Ingwer, Zwiebel und Knoblauch darin einige Minuten anschwitzen. Currypulver, Kürbis und Äpfel dazugeben und einige Minuten anbraten. Bouillon oder Wasser angießen, mit Salz würzen und das Ganze etwa 35 Minuten bei schwacher bis mittlerer Hitze köcheln lassen, bis der Kürbis sehr weich ist. Den Topf anschließend vom Herd nehmen und einen Teil der Kochflüssigkeit abschöpfen, aber aufbewahren.

Die Suppe fein pürieren (dabei gegebenenfalls etwas Kochflüssigkeit hinzufügen) und mit Salz und Pfeffer abschmecken.

TOMATENCREMESUPPE

Für 4 Personen
Vorbereitung: 20 Minuten
Kochzeit: 20 Minuten

1 Zwiebel
2 Knoblauchzehen
1 kg reife Tomaten oder 1 Dose
(800 g) geschälte Tomaten
1 EL Olivenöl
2 EL Tomatenmark
1 Lorbeerblatt
1 Zweig Thymian
1 Prise Zucker
Salz
100 ml Sahne

Die Zwiebel und den Knoblauch schälen und beides getrennt fein schneiden. Die frischen Tomaten mit kochendem Wasser überbrühen, 30 Sekunden darin liegen lassen, enthäuten und fein würfeln. Das Öl in einem Topf erhitzen und die Zwiebel bei schwacher bis mittlerer Hitze darin anschwitzen. Den Knoblauch, das Tomatenmark und die frischen oder Dosentomaten dazugeben.

Das Lorbeerblatt und den Thymianzweig zusammenbinden, das andere Ende des Garns am Henkel des Topfs befestigen (so vergisst man nicht, die Kräuter vor dem Pürieren herauszunehmen …) und das Kräutersträußchen zu den Tomaten in den Topf geben. Mit Zucker und Salz würzen, 500 Milliliter Wasser angießen und bei starker Hitze aufkochen lassen.

Die Temperatur reduzieren, den Deckel auflegen und die Tomatensuppe 15–20 Minuten köcheln lassen. Das Kräutersträußchen herausnehmen. Die Suppe pürieren, mit der Sahne verrühren und abschmecken.

TOMATENCREMESUPPE – VARIATIONEN

MIT KORIANDERGRÜN *(Foto Seite 34)*

+ 1 kleines Bund Koriandergrün

Die Suppe wie auf Seite 32 beschrieben zubereiten. Das Koriandergrün waschen, die Blätter abzupfen, einige für die Garnitur beiseitestellen, und den Rest grob hacken. Drei Viertel der Blätter in die fertige Suppe rühren, diese in Teller oder Schalen schöpfen und mit dem restlichen Koriandergrün bestreuen.

MIT BASILIKUM *(Foto Seite 34)*

+ 1 kleines Bund Basilikum

Die Suppe wie auf Seite 32 beschrieben zubereiten. Das Basilikum waschen, die Blätter abzupfen und in Streifen schneiden. Drei Viertel der Blätter in die fertige Suppe rühren, diese in Teller oder Schalen schöpfen und mit dem restlichen Basilikum bestreuen.

MIT INGWER *(Foto Seite 35)*

+ 1 kleines Stück Ingwer

Den Ingwer schälen und fein hacken. Bei der Zubereitung der Suppe den Ingwer mit der Zwiebel anschwitzen und die Suppe wie auf Seite 32 beschrieben fertig kochen.

MIT CURRYPULVER

+ 2 TL Curry- oder Colombopulver

Das Curry- oder Colombopulver mit der Zwiebel anschwitzen und die Suppe wie auf Seite 32 beschrieben fertigstellen.

TOMATENCREMESUPPE MIT CURRYPULVER

GEMÜSESUPPE AUS DER PROVENCE

Für 4 Personen
Vorbereitung: 25 Minuten
Kochzeit: 20 Minuten

1 Aubergine
2 Zucchini
400 g Tomaten oder 1 Dose
(400 g) geschälte Tomaten
1 rote Paprikaschote
4 Schalotten
4 Knoblauchzehen
1 EL Olivenöl
1 Zweig Thymian
1 Lorbeerblatt

Salz, Pfeffer
einige Zweige Basilikum
Saft von ½ Zitrone
1 l Gemüsebouillon (Rezept
Seite 122) oder Wasser

Die Aubergine vom Stielansatz befreien und klein würfeln. Zucchini und frische Tomaten waschen und in mundgerechte Stücke schneiden. Die Paprikaschote von Stiel, Samen und Scheidewänden befreien und fein würfeln. Schalotten und Knoblauch schälen und fein schneiden.

Das Öl in einem Topf erhitzen und Paprikawürfel, Schalotten und Knoblauch darin einige Minuten anschwitzen. Anschließend das restliche Gemüse dazugeben. Thymian und Lorbeerblatt zusammenbinden, das andere Garnende am Henkel des Topfs befestigen (so vergisst man nicht, die Kräuter vor dem Pürieren herauszunehmen …) und das Kräutersträußchen zu dem Gemüse geben. Bouillon oder Wasser angießen und mit Salz und Pfeffer würzen.

Bei starker Hitze aufkochen und dann etwa 20 Minuten bei mittlerer bis schwacher Hitze köcheln lassen, bis das Gemüse weich ist. Das Kräutersträußchen herausnehmen und die Basilikumblätter und den Zitronensaft hinzufügen. Mit Salz und Pfeffer abschmecken und servieren.

Tipp: Wer mag, kann die Suppe vor dem Servieren pürieren.

TOMATENCREMESUPPE MIT SPECK

Für 4 Personen
Vorbereitung: 15 Minuten
Kochzeit: 20 Minuten

1 Zwiebel
2 Knoblauchzehen
1 kg reife Tomaten oder 1 Dose
(800 g) geschälte Tomaten
1 EL Olivenöl
2 EL Tomatenmark
1 Zweig Thymian
1 Lorbeerblatt
1 Prise Zucker
Salz
100 ml Sahne
150 g durchwachsener Räucherspeck in Scheiben
1 EL Balsamicoessig

Die Zwiebel und den Knoblauch schälen und beides getrennt fein hacken. Die frischen Tomaten mit kochendem Wasser überbrühen, 30 Sekunden darin liegen lassen, enthäuten und in Stücke schneiden. Das Öl in einem Topf erhitzen und die Zwiebel bei geringer Hitze darin anschwitzen. Knoblauch, Tomatenmark und die frischen oder Dosentomaten dazugeben. Thymian und Lorbeerblatt zusammenbinden, das andere Garnende am Henkel des Topfs befestigen (so vergisst man nicht, die Kräuter vor dem Pürieren herauszunehmen …) und das Kräutersträußchen in den Topf geben. Mit Zucker und Salz würzen.

250 Milliliter Wasser angießen und bei starker Hitze zum Kochen bringen. Die Wärmezufuhr verringern, den Deckel auflegen und die Tomatensuppe 15–20 Minuten köcheln lassen.

Die Kräuter herausnehmen. Die Suppe pürieren, mit der Sahne verrühren und abschmecken. Den Speck in einer Pfanne knusprig braten, mit dem Essig ablöschen und unmittelbar vor dem Servieren zur Suppe geben.

Tipp: Sie können die Speckscheiben halbiert oder auch in kleine Stücke geschnitten anbraten und dann zur Suppe geben.

TOMATENSUPPE MIT APFEL UND RICOTTA

Für 4 Personen
Vorbereitung: 20 Minuten
Kochzeit: 20 Minuten

1 Zwiebel
1 TL Olivenöl
2 Äpfel (beispielsweise Boskop)
1 kg reife Tomaten oder 1 Dose
(800 g) geschälte Tomaten
1 EL Tomatenmark
Salz
150 g Ricotta

Die Zwiebel schälen und fein würfeln. Das Öl in einem Topf erhitzen und die Zwiebel bei geringer Hitze darin anschwitzen.

In der Zwischenzeit die Äpfel schälen, die Kerngehäuse entfernen und das Fruchtfleisch klein schneiden. Die Tomaten in Scheiben schneiden und beides zur Zwiebel geben. 500 Milliliter Wasser angießen, das Tomatenmark einrühren und mit Salz würzen. Bei starker Hitze aufkochen lassen, dann die Wärmezufuhr verringern und das Ganze etwa 20 Minuten köcheln lassen.

Den Topf vom Herd nehmen und den Ricotta hineingeben. Die Suppe pürieren, abschmecken und servieren.

Tipp: Wer mag, kann die Suppe mit in Scheiben geschnittenen Kirschtomaten garnieren.

TOMATEN-PAPRIKA-SUPPE

Für 4 Personen
Vorbereitung: 20 Minuten
Kochzeit: 25 Minuten

1 kg reife Tomaten oder
1 Dose (800 g) geschälte
Tomaten
1 große Zwiebel
4 Knoblauchzehen
2 rote Paprikaschoten
1 EL Olivenöl
2 EL Tomatenmark
Salz
einige Basilikumblätter

Die frischen Tomaten mit kochendem Wasser überbrühen, enthäuten und in Stücke schneiden. Zwiebel und Knoblauch schälen und fein hacken. Die Paprikaschoten schälen, Stiel, Samen und Scheidewände entfernen und das Fruchtfleisch klein würfeln.

Das Öl in einem Topf erhitzen und die Zwiebel mit dem Knoblauch darin anschwitzen. Anschließend die Paprikawürfel dazugeben und garen. Sobald sie weich sind, die frischen oder Dosentomaten und das Tomatenmark hinzufügen. 500 Milliliter Wasser angießen, mit Salz würzen und bei starker Hitze aufkochen lassen. Dann die Wärmezufuhr verringern und das Gemüse etwa 25 Minuten köcheln lassen, bis eine dicke Suppe entstanden ist.

Den Topf vom Herd nehmen, das Basilikum hineingeben, die Suppe fein pürieren und abschmecken.

Tipp: Wer möchte, kann einen Esslöffel der gegarten Paprikawürfelchen abnehmen und direkt vor dem Servieren wieder in die Suppe rühren.

TOMATENCREMESUPPE MIT FLEISCHKLÖSSCHEN

Für 4 Personen
Vorbereitung: 30 Minuten
Kochzeit: 20 Minuten

2 Zwiebeln
100 g Hackfleisch
2 EL Kreuzkümmelsamen
1 Eigelb
2 Knoblauchzehen
1 kg reife Tomaten oder
1 Dose (800 g) geschälte
Tomaten
2 EL Olivenöl
2 EL Tomatenmark
1 Zweig Thymian
1 Lorbeerblatt
1 Prise Zucker
Salz, Pfeffer
100 g Crème fraîche

Die Zwiebeln schälen und fein hacken. Das Hackfleisch in eine Schüssel geben, mit dem Kreuzkümmel, einer fein gehackten Zwiebel und dem Eigelb gründlich vermengen und mindestens 15 Minuten im Kühlschrank ruhen lassen.

Den Knoblauch schälen und fein hacken. Die frischen Tomaten mit kochendem Wasser überbrühen, enthäuten und in Stücke schneiden. Einen Esslöffel Olivenöl in einem Topf erhitzen und die fein geschnittene zweite Zwiebel bei geringer Hitze darin anschwitzen. Den Knoblauch, das Tomatenmark und die Tomaten dazugeben. Thymian und Lorbeerblatt zusammenbinden, das andere Garnende am Griff des Topfs befestigen (so vergisst man nicht, sie vor dem Pürieren herauszunehmen …) und die Kräuter zu den Tomaten geben. Mit Zucker und Salz würzen, 500 Milliliter Wasser angießen und bei starker Hitze aufkochen lassen.

Die Wärmezufuhr verringern, den Deckel auflegen und die Tomaten 15–20 Minuten köcheln lassen. Das Kräutersträußchen herausnehmen. Die Suppe pürieren, mit der Crème fraîche verrühren und abschmecken.

Während die Tomaten kochen, aus der Fleischmasse zentimetergroße Bällchen formen. Das restliche Olivenöl in einer Pfanne erhitzen, die Fleischbällchen darin braten und mit Salz und Pfeffer würzen.

Die Fleischklößchen zur Suppe geben und diese noch einmal 5 Minuten erhitzen, damit sie sich mit den verschiedenen Aromen der Fleischklößchen (gebratenes Fleisch, Kreuzkümmel …) verbindet.

TOMATENCREMESUPPE MIT MOZZARELLA

Für 4 Personen
Vorbereitung: 20 Minuten
Kochzeit: 20 Minuten

1 kg reife Tomaten oder
1 Dose (800 g) geschälte
Tomaten
1 Zwiebel
2 Knoblauchzehen
1 EL Olivenöl
2 EL Tomatenmark
1 Lorbeerblatt
1 Zweig Thymian
1 Prise Zucker
Salz
100 ml Sahne
einige Basilikumblätter
1 Kugel Mozzarella

Die frischen Tomaten mit kochendem Wasser überbrühen, enthäuten und in Stücke schneiden. Die Zwiebel und den Knoblauch schälen und getrennt fein hacken.

Das Öl in einem Topf erhitzen und die Zwiebel bei geringer Hitze darin anschwitzen. Den Knoblauch, das Tomatenmark und die Tomaten dazugeben. Thymian und Lorbeerblatt zusammenbinden, das andere Garnende am Griff des Topfs befestigen (so vergisst man nicht, die Kräuter vor dem Pürieren herauszunehmen …), und zu den Tomaten geben. Mit Zucker und Salz würzen, 250 Milliliter Wasser angießen und bei starker Hitze aufkochen lassen. Die Wärmezufuhr verringern und die Tomaten 15–20 Minuten köcheln lassen.

Die Kräuter herausnehmen. Die Suppe pürieren, dabei eventuell noch etwas heißes Wasser hinzufügen, mit der Sahne verrühren und abschmecken. Das Basilikum waschen und grob hacken. Den Mozzarella in Scheiben schneiden, die Scheiben vierteln oder sechsteln und unmittelbar vor dem Servieren zur Suppe geben. Zum Schluss das Basilikum darüberstreuen.

BRENNNESSELSUPPE

Für 4 Personen
Vorbereitung: 15 Minuten
Kochzeit: 20 Minuten

500 g junge Brennnesselblätter
2 Zwiebeln
300 g Kartoffeln
2 TL Olivenöl
1 l Gemüsebouillon (Rezept
Seite 122) oder Wasser
Salz, Pfeffer
150 ml Sahne

Die Brennnesseln waschen (dabei am besten Handschuhe tragen). Die Zwiebeln schälen und fein schneiden. Die Kartoffeln schälen und in Stücke schneiden.

Das Öl in einem Topf erhitzen und die Zwiebeln bei sehr geringer Hitze darin etwa 5 Minuten anschwitzen. Die Brennnesseln dazugeben und den Deckel auflegen. Sobald die Blätter zusammengefallen sind, die Kartoffeln hinzufügen, Bouillon oder Wasser angießen und mit Salz würzen. Bei starker Hitze aufkochen und 20 Minuten bei geringer Hitze köcheln lassen.

Den Topf vom Herd nehmen. Die Suppe fein pürieren, mit Salz und Pfeffer abschmecken, mit der Sahne verrühren und servieren.

KRESSESUPPE MIT CRÈME FRAÎCHE

Für 4 Personen
Vorbereitung: 20 Minuten
Kochzeit: 20 Minuten

2 Kästchen Kresse
2 große mehligkochende
Kartoffeln
2 Zwiebeln
1 EL Olivenöl
750 ml Gemüsebouillon
(Rezept Seite 122) oder
Wasser
Salz, Pfeffer
100 g Crème fraîche

Die Kresse abschneiden und in reichlich Wasser kurz waschen. Die Kartoffeln schälen, waschen und in Stücke schneiden. Die Zwiebeln schälen und fein würfeln.

Das Öl in einem Topf erhitzen und die Zwiebeln darin 5 Minuten bei geringer Hitze anschwitzen. Die Kresse dazugeben und bei aufgelegtem Deckel einige Minuten zusammenfallen lassen. Die Kartoffeln hinzufügen, mit Bouillon oder Wasser bedecken, sparsam mit Salz würzen und bei starker Hitze aufkochen lassen. Die Kartoffelstücke anschließend in 15–20 Minuten bei mittlerer Hitze weich garen.

Den Topf vom Herd nehmen, die Suppe fein pürieren und mit Salz und Pfeffer abschmecken. Auf Suppenteller oder -schalen verteilen und jeweils mit einem Klecks Crème fraîche garnieren.

SPINATCREMESUPPE *(Foto Seite 56)*

Für 4 Personen
Vorbereitung: 20 Minuten
Kochzeit: 20 Minuten

500 g Spinat
125 g Sauerampfer
125 g Löwenzahn
2 Schalotten
2 TL Olivenöl
1 l Gemüsebouillon (Rezept
Seite 122) oder Wasser
Salz, Pfeffer
Muskatnuss
100 ml Sahne

Spinat, Sauerampfer und Löwenzahn in reichlich Wasser waschen. Den Spinat von den Stielen befreien. Die Schalotten schälen und fein schneiden.

Das Öl in einem Topf erhitzen und die Schalotten darin etwa 5 Minuten bei geringer Hitze anschwitzen. Spinat, Sauerampfer und Löwenzahn dazugeben und einige Minuten garen. Bouillon oder Wasser angießen, mit Salz und Pfeffer würzen, den Deckel auflegen und die Suppe etwa 20 Minuten köcheln lassen.

Den Topf vom Herd nehmen. Die Suppe fein pürieren, mit einer Prise frisch geriebener Muskatnuss, Salz und Pfeffer abschmecken und die Sahne einrühren.

Tipp: Mit etwas Glück bekommen Sie junge Löwenzahnblätter im Frühling auf dem Markt oder beim Gemüsehändler. Man kann ihn aber auch weglassen und stattdessen Rucola oder die doppelte Menge Sauerampfer nehmen. Die Suppe bekommt dann allerdings einen noch etwas säuerlicheren Geschmack. Oder Sie bereiten die Suppe ausschließlich mit – frischem oder tiefgekühltem – Spinat zu.

MIT POCHIERTEM EI

+ 1 Ei pro Person

Die Spinatcremesuppe wie oben beschrieben zubereiten.
Essigwasser (zwei Esslöffel Essig auf einen Liter Wasser) in einem Topf zum Kochen bringen, die Eier einzeln in eine Schöpfkelle schlagen und in das kochende Wasser gleiten lassen.
Den Topf von der Herdplatte ziehen und die Eier 3 Minuten pochieren. Anschließend mit einem Schaumlöffel herausheben und abtropfen lassen. Die Suppe auf Teller verteilen und jeweils ein pochiertes Ei hineinsetzen.

MIT CHORIZO *(Foto Seite 57)*

+ 1 kleine Chorizo
(je nach Gusto mild oder
scharf)

Die Suppe wie oben beschrieben zubereiten.
Die Chorizo in Scheiben schneiden und in einer Pfanne im eigenen Fett braten. Das Fett weggießen und die Wurst unmittelbar vor dem Servieren zur Suppe geben.

SPINATCREMESUPPE MIT POCHIERTEM EI

SPINATCREMESUPPE *(Rezept Seite 54)*

SPINATCREMESUPPE MIT CHORIZO *(Rezept Seite 54)*

LAUCH-BLUMENKOHL-SUPPE

Für 4 Personen
Vorbereitung: 25 Minuten
Kochzeit: 15 Minuten

1 große Zwiebel
1 große Stange Lauch
½ großer Blumenkohl (etwa
400 g)
2 EL Olivenöl
250 ml Geflügelbouillon
(Rezept Seite 128) oder Wasser
500 ml Milch
Salz
Pfeffer oder Muskatnuss

Die Zwiebel schälen und fein würfeln. Den Lauch putzen, in Ringe schneiden und gründlich waschen. Den Blumenkohl waschen und in Röschen zerteilen.

Das Öl in einem Topf erhitzen und Zwiebel und Lauch 5–10 Minuten unter häufigem Rühren darin anschwitzen. Den Blumenkohl dazugeben. Bouillon oder Wasser und die Milch angießen, mit Salz würzen und zugedeckt bei starker Hitze aufkochen lassen (Vorsicht, die Milch kocht leicht über!). Dann den Herd auf niedrige Temperatur schalten und das Gemüse 10–15 Minuten köcheln lassen.

Den Topf vom Herd nehmen. Die Suppe fein pürieren, abschmecken und vor dem Servieren mit einer Prise Pfeffer oder frisch geriebener Muskatnuss bestreuen.

SELLERIESUPPE MIT EDELPILZKÄSE *(Rezept Seite 62)*

BLUMENKOHLSUPPE MIT KREUZKÜMMEL (Rezept Seite 62)

SELLERIESUPPE MIT EDELPILZKÄSE

(Foto Seite 60)

Für 4 Personen
Vorbereitung: 20 Minuten
Kochzeit: 25 Minuten

1 Knolle Sellerie
2 Zwiebeln
2 TL Olivenöl
1 l Rinderbouillon (Rezept
Seite 124) oder Wasser
Salz
150 g Blauschimmelkäse
(beispielsweise Bleu d'Auvergne)
Croûtons (nach Belieben)

Den Sellerie schälen und in Stücke schneiden. Die Zwiebeln schälen, fein schneiden und bei geringer Hitze zugedeckt im Olivenöl glasig schwitzen. Dabei gelegentlich umrühren. Den Sellerie dazugeben, Bouillon oder Wasser angießen und sparsam mit Salz würzen.

Den Deckel auflegen und das Wasser bei starker Hitze aufkochen lassen. Dann den Sellerie bei mittlerer bis schwacher Hitze in etwa 25 Minuten sehr weich garen.

Den Topf vom Herd nehmen, 100 Gramm Käse hineingeben und die Suppe fein pürieren; anschließend abschmecken. Den restlichen Käse sehr fein würfeln und unmittelbar vor dem Servieren zur Suppe geben. Wer möchte, kann die Käsewürfel durch Croûtons ersetzen.

BLUMENKOHLSUPPE MIT KREUZKÜMMEL *(Foto Seite 61)*

Für 4 Personen
Vorbereitung: 20 Minuten
Kochzeit: 10 Minuten

1 kleiner Blumenkohl
(etwa 500 g)
1 Zwiebel
2 TL Olivenöl
1 TL Kreuzkümmelsamen
500 ml Milch
500 ml Geflügelbouillon oder
Wasser
Salz, Pfeffer

Den Blumenkohl waschen und in Röschen zerteilen. Die Zwiebel schälen und fein würfeln.

Das Öl in einem Topf erhitzen und den Kreuzkümmel 1–2 Minuten darin anbraten. Die Zwiebel hinzufügen und bei geringer Hitze glasig schwitzen. Den Blumenkohl dazugeben, die Milch und Bouillon oder Wasser angießen und mit Salz würzen. Aufkochen und etwa 10 Minuten köcheln lassen.

Den Topf vom Herd nehmen, die Suppe pürieren und mit Salz und Pfeffer abschmecken.

SELLERIESUPPE MIT BIRNEN

Für 4–5 Personen
Vorbereitung: 30 Minuten
Kochzeit: 20 Minuten

1 Knolle Sellerie (nicht zu groß)
1 große Zwiebel
1 EL Olivenöl
1 l Gemüsebouillon (Rezept
Seite 122) oder Wasser
3 Birnen (beispielsweise
Comice)
Salz, Pfeffer

Den Sellerie schälen, waschen und in Stücke schneiden. Die Zwiebel schälen und fein schneiden.

Das Öl in einem Topf erhitzen und die Zwiebel darin einige Minuten bei geringer Hitze anschwitzen. Den Sellerie dazugeben, Bouillon oder Wasser angießen und mit Salz würzen. Die Suppe aufkochen und dann etwa 20 Minuten bei mittlerer Hitze garen. Währenddessen die Birnen schälen, vom Kerngehäuse befreien und klein schneiden.

Sobald der Sellerie weich ist, den Topf vom Herd nehmen. Die Birnen hineingeben, die Suppe fein pürieren und mit Salz und Pfeffer abschmecken. Dabei darauf achten, dass die Süße der Birnen und das Salz in einem ausgewogenen Verhältnis stehen.

Tipp: Sie können ein kleines Stück Birne in Stäbchen schneiden und direkt vor dem Servieren in die Suppe geben.

ERBSENSUPPE MIT MINZE

Für 4 Personen
Vorbereitung: 10 Minuten
Kochzeit: 25 Minuten

3 Frühlingszwiebeln
oder 1 große weiße Zwiebel
1 Salatherz oder einige
Salatblätter
450 g Erbsen, enthülst
750 ml Gemüsebouillon (Rezept
Seite 122) oder Wasser
2 Zweige Minze
100 ml Sahne
Salz, Pfeffer

Die Zwiebeln putzen oder schälen und fein schneiden. Den Salat waschen, grob hacken und mit den Zwiebelstücken und Erbsen in einen Topf geben. Bouillon oder Wasser angießen, salzen und bei starker Hitze aufkochen lassen. Dann die Wärmezufuhr verringern und die Erbsen 25 Minuten köcheln lassen.

Den Topf vom Herd nehmen. Sahne und Minzeblätter hinzufügen, die Suppe fein pürieren und mit Salz und Pfeffer abschmecken. Sofort servieren.

Tipp: Die Erbsensuppe schmeckt auch kalt. In diesem Fall die Suppe vor dem Servieren für mindestens 4 Stunden in den Kühlschrank stellen.

CHAMPIGNONCREMESUPPE

Für 4 Personen
Vorbereitung: 10–15 Minuten
Kochzeit: 10 Minuten

600 g Champignons
4 Schalotten
1 EL Olivenöl
500 ml Geflügelbouillon (Rezept
Seite 128) oder Wasser
100 ml Milch
Salz, Pfeffer
100 g Crème fraîche
Croûtons

Die Champignons putzen, gegebenenfalls kurz unter fließendem Wasser waschen und klein schneiden. Die Schalotten schälen und fein würfeln.

Das Öl in einem Topf erhitzen und die Schalotten einige Minuten darin anschwitzen. Die Champignons dazugeben, umrühren und zugedeckt einige Minuten garen. Bouillon oder Wasser und die Milch angießen, mit Salz würzen und 10 Minuten köcheln lassen.

Den Topf vom Herd nehmen. Die Suppe pürieren und mit Salz und Pfeffer abschmecken. Die Crème fraîche einrühren und die Suppe mit Croûtons bestreut servieren.

ZUCCHINISUPPE MIT CURRY (Rezept Seite 70)

ZUCCHINISUPPE MIT KRÄUTERFRISCHKÄSE *(Rezept Seite 70)*

ZUCCHINISUPPE MIT CURRY *(Foto Seite 68)*

Für 4 Personen
Vorbereitung: 10 Minuten
Kochzeit: 15 Minuten

4 Zucchini
3 Frühlingszwiebeln oder
1 große weiße Zwiebel
500 ml Gemüsebouillon (Rezept
Seite 122) oder Wasser
Salz
150 ml Sahne
1 gehäufter TL Currypulver

Die Zucchini waschen, die Stielenden kappen und das Fruchtfleisch klein schneiden. Die Zwiebeln putzen oder schälen und ebenfalls klein schneiden.

Zucchini und Zwiebel mit Bouillon oder Wasser in einen Topf geben (die Zucchini müssen nicht mit Wasser bedeckt sein, da sie viel Flüssigkeit enthalten). Sparsam salzen und etwa 15 Minuten bei mittlerer Hitze garen.

Den Topf vom Herd nehmen und die Suppe fein pürieren (eventuell etwas Wasser hinzufügen, damit sie die gewünschte Konsistenz bekommt). Die Sahne mit dem Curry steif schlagen. Die Suppe auf tiefe Teller verteilen und jeweils ein Sahnehäubchen daraufsetzen.

Tipp: Wenn es schnell gehen soll, können Sie die Sahne auch ungeschlagen in die Suppe rühren und jede Portion mit etwas Currypulver bestauben.

ZUCCHINISUPPE MIT KRÄUTER-FRISCHKÄSE *(Foto Seite 69)*

Für 4 Personen
Vorbereitung: 15 Minuten
Kochzeit: 15 Minuten

800 g Zucchini
4 Frühlingszwiebeln
500 ml Gemüsebouillon (Rezept
Seite 122) oder Wasser
1 große Prise gemahlener
Kreuzkümmel
Salz
150 g Kräuterfrischkäse
(beispielsweise Boursin)

Die Zucchini waschen, die Stielenden kappen und das Fruchtfleisch klein schneiden. Die Frühlingszwiebeln putzen und vierteln.

Beides mit Bouillon oder Wasser in einen Topf geben, mit Kreuzkümmel und Salz würzen, aufkochen und zugedeckt bei schwacher bis mittlerer Hitze etwa 15 Minuten köcheln lassen, bis die Zucchini weich sind.

Den Topf vom Herd nehmen. Gegebenenfalls etwas Kochflüssigkeit abschöpfen und aufheben, denn Zucchini enthalten relativ viel Wasser, das sie beim Kochen abgeben. Den Frischkäse in den Topf geben und die Suppe fein pürieren. Ist sie zu dick, noch etwas Kochflüssigkeit hinzufügen. Die Suppe abschmecken und servieren.

Tipp: Der Kräuterfrischkäse verleiht der Suppe eine besondere Note, kann aber durch Crème fraîche oder einen Frischkäse ohne Kräuter ersetzt werden.

BROKKOLISUPPE MIT SCHMELZKÄSE

Für 4 Personen
Vorbereitung: 15 Minuten
Kochzeit: 20 Minuten

400 g Brokkoli
100 g Karotten
200 g mehligkochende
Kartoffeln
100 g Schalotten
1 l Gemüsebouillon (Rezept
Seite 122) oder Wasser
Salz, Pfeffer
150 g Schmelzkäse

Den Brokkoli waschen und in Röschen zerteilen. Die Karotten und Kartoffeln schälen und klein schneiden. Die Schalotten schälen und fein würfeln.

Die vorbereiteten Zutaten mit Bouillon oder Wasser in einen Topf geben, mit Salz und Pfeffer würzen, aufkochen und zugedeckt in etwa 20 Minuten sehr weich garen.

Den Topf vom Herd nehmen und den Schmelzkäse hineingeben. Die Suppe pürieren, abschmecken und servieren.

LAUCHCREMESUPPE *(Foto Seite 75)*

Für 5–6 Personen
Vorbereitung: 20 Minuten
Kochzeit: 30 Minuten

500 g Lauch
500 g Kartoffeln
1 Zwiebel
2 TL Olivenöl
1 l Rinderbouillon (Rezept
Seite 124) oder Wasser
Salz, Pfeffer
250 ml Milch
150 g Crème fraîche

Den Lauch putzen, in Ringe schneiden und gründlich waschen. Dabei mindestens einmal das Wasser wechseln. Die Kartoffeln schälen und in Stücke schneiden. Die Zwiebel schälen und würfeln.

Das Öl in einem Topf erhitzen und den Lauch mit der Zwiebel 5 Minuten darin anschwitzen. Dabei gelegentlich umrühren. Die Kartoffeln dazugeben, Bouillon oder Wasser angießen, sodass die Kartoffeln bedeckt sind, und mit Salz würzen.

Das Gemüse 30 Minuten bei geringer Hitze sehr weich garen. Den Topf vom Herd nehmen und alles zu einer sämigen Suppe pürieren. Die Milch erhitzen, zusammen mit der Crème fraîche einrühren und die Suppe mit Salz und Pfeffer abschmecken.

LAUCH-CURRY-SUPPE MIT KOKOSMILCH *(Foto Seite 74)*

Für 4–5 Personen
Vorbereitung: 25 Minuten
Kochzeit: 25 Minuten

3 Stangen Lauch
2 große Kartoffeln
1 große Zwiebel
1 EL Olivenöl
2 TL Currypulver
Salz, Pfeffer
1 l Geflügelbouillon (Rezept
Seite 128) oder Wasser
1 kleine Dose (200 ml)
Kokosmilch

Den Lauch putzen, in Ringe schneiden und gründlich waschen. Die Kartoffeln schälen, waschen und in Stücke schneiden. Die Zwiebel schälen und würfeln.

Das Öl in einem Topf erhitzen und die Zwiebel mit dem Currypulver 5 Minuten darin anschwitzen. Den Lauch dazugeben und etwa 5 Minuten unter Rühren anschwitzen. Die Kartoffeln hinzufügen, Bouillon oder Wasser angießen und leicht mit Salz würzen. Den Deckel auflegen und das Gemüse in 20–25 Minuten bei mittlerer Hitze sehr weich garen. Den Topf vom Herd nehmen. Die Suppe fein pürieren, mit der Kokosmilch verrühren und mit Salz und Pfeffer abschmecken.

Tipp: Wie viel Kokosmilch und wie viel Currypulver Sie nehmen, hängt ganz von Ihrem Geschmack ab. Wichtig ist nur ein ausgewogenes Verhältnis von mild und scharf.

LAUCHCREMESUPPE MIT ORANGEN-SAHNE-HÄUBCHEN

Für 4 Personen
Vorbereitung: 20 Minuten
Kochzeit: 20 Minuten

500 g Lauch (nur die
weißen Teile)
250 g mehligkochende
Kartoffeln
2 Zwiebeln
1 EL Olivenöl
1 l Gemüsebouillon (Rezept
Seite 122) oder Wasser
Salz
1 unbehandelte Orange
300 ml Sahne
1 EL Orangenlikör (beispielsweise Cointreau)

Den Lauch putzen, klein schneiden und gründlich waschen. Dabei mindestens einmal das Wasser wechseln. Die Kartoffeln schälen, waschen und in Stücke schneiden. Die Zwiebeln schälen und würfeln.

Das Öl in einem Topf erhitzen und die Zwiebeln mit dem Lauch darin 5 Minuten bei geringer Hitze anschwitzen; von Zeit zu Zeit umrühren. Die Kartoffeln dazugeben, Bouillon oder Wasser angießen und salzen. Bei starker Hitze aufkochen lassen, dann die Wärmezufuhr verringern und die Suppe 20 Minuten köcheln lassen.

Währenddessen die Orange gründlich waschen und die Schale in dünnen Streifen mit einem Zestenreißer abziehen. Mit der Hälfte der Sahne und dem Likör verrühren und kalt stellen.

Sobald das Gemüse weich ist, den Topf vom Herd nehmen und die Suppe mit der restlichen Sahne fein pürieren. Unmittelbar vor dem Servieren die Orangensahne schlagen und auf jede Portion ein Sahnehäubchen setzen.

Tipp: Wenn es schnell gehen soll, streuen Sie über jede Portion etwas von den Orangenzesten und reichen die flüssige, mit dem Likör verrührte Sahne separat dazu.

LAUCHCREMESUPPE MIT ORANGEN-SAHNE-HÄUBCHEN

LAUCH-CURRY-SUPPE MIT KOKOSMILCH *(Rezept Seite 72)*

LAUCHCREMESUPPE (Rezept Seite 72)

GRÜNE LINSENSUPPE

Für 5–6 Personen
Vorbereitung: 10 Minuten
Kochzeit: 40 Minuten

250 g Puy-Linsen
2 Zwiebeln
2 EL Olivenöl
1 l Gemüsebouillon (Rezept
Seite 122) oder Wasser
Saft von ½ Zitrone
Salz, Pfeffer

Die Linsen in ein Sieb geben, waschen und abtropfen lassen. Die Zwiebeln schälen, würfeln und in einem Esslöffel Olivenöl bei schwacher Hitze glasig schwitzen. Die Linsen dazugeben. Bouillon oder Wasser angießen und salzen.

Die Linsen bei starker Hitze aufkochen und dann in 40 Minuten bei geringer Hitze sehr weich garen; dabei gelegentlich umrühren, damit sie nicht am Topfboden anhängen. Anschließend die Suppe fein pürieren und den Zitronensaft und das restliche Olivenöl einrühren. Ist sie zu dick, noch etwas heißes Wasser hinzufügen. Die Suppe abschmecken und servieren.

MIT KORIANDERGRÜN

+ 1 Bund Koriandergrün

Die Linsensuppe wie oben beschrieben zubereiten und direkt vor dem Servieren mit dem grob gehackten Koriandergrün bestreuen.

GELBE LINSENSUPPE INDISCHE ART (Rezept Seite 80)

ROTE KOKOS-LINSEN-SUPPE MIT LIMETTENSAFT *(Rezept Seite 80)*

GELBE LINSENSUPPE INDISCHE ART

(Foto Seite 78)

Für 6 Personen
Vorbereitung: 15 Minuten
Kochzeit: 30 Minuten

250 g gelbe Linsen
1 Zwiebel
2 EL Olivenöl
2 TL geriebener Ingwer
1 EL gemahlener Koriander
1 TL gemahlener Kreuzkümmel
1 l Gemüsebouillon (Rezept
Seite 122) oder Wasser
Salz, Pfeffer
250 g geschälte Tomaten (aus
der Dose)
Saft von 1 Limette
Koriandergrün oder Minze,
fein geschnitten
50 ml Sahne

Die Linsen in ein Sieb geben, mit kaltem Wasser abspülen und abtropfen lassen. Die Zwiebel schälen und fein schneiden.

Das Öl in einem Topf erhitzen und die Zwiebel darin bei geringer Hitze in etwa 5 Minuten glasig schwitzen. Ingwer und Gewürze hinzufügen und einige Minuten mit anschwitzen. Die Linsen dazugeben und gut umrühren. Bouillon oder Wasser angießen und sparsam salzen. Bei starker Hitze aufkochen lassen und die Tomaten hinzufügen.

Den Herd auf schwache bis mittlere Hitze schalten und die Linsen in 25–30 Minuten weich garen.

Den Topf vom Herd nehmen. Die Suppe fein pürieren und mit dem Limettensaft sowie Salz und Pfeffer abschmecken. Vor dem Servieren mit Koriandergrün oder Minze bestreuen und etwas Sahne über jede Portion träufeln.

ROTE KOKOS-LINSEN-SUPPE MIT LIMETTENSAFT *(Foto Seite 79)*

Für 6 Personen
Vorbereitung: 10 Minuten
Kochzeit: 25 Minuten

2 Zwiebeln
2 Knoblauchzehen
1 EL Olivenöl
2 TL gemahlener Kreuzkümmel
½ TL Zimt
300 g rote Linsen
200 g geschälte Tomaten
(aus der Dose)
1½ l Geflügelbouillon (Rezept
Seite 128) oder Wasser
Salz, Pfeffer
200 ml Kokosmilch
Saft von 1 Limette

Die Zwiebeln und den Knoblauch schälen und fein schneiden.

Das Öl in einem Topf erhitzen und beides darin 5 Minuten bei geringer Hitze mit den Gewürzen anschwitzen. Linsen und Tomaten dazugeben und gut unterrühren. Bouillon oder Wasser angießen, mit Salz und Pfeffer würzen und die Linsen in etwa 25 Minuten weich garen.

Den Topf vom Herd nehmen und die Kokosmilch und den Limettensaft hineingeben. Die Suppe fein pürieren, eventuell mit etwas Wasser verdünnen, und abschmecken.

Tipp: Linsen müssen regelmäßig umgerührt werden, da sie leicht am Topfboden anhängen.

ROTE LINSEN-SPINAT-SUPPE

Für 4–5 Personen
Vorbereitung: 10 Minuten
Kochzeit: 30 Minuten

200 g rote Linsen
1 große Zwiebel
1 Knoblauchzehe
2 TL Kurkuma
1 TL gemahlener Kreuzkümmel
1 TL Zimt
1 EL Olivenöl
1 l Gemüsebouillon (Rezept
Seite 122) oder Wasser
Salz, Pfeffer
200 g Blattspinat (frisch oder
tiefgekühlt)
Saft von ½ Zitrone

Die Linsen in ein Sieb geben, waschen und abtropfen lassen. Zwiebel und Knoblauch schälen, fein schneiden und mit den Gewürzen bei geringer Hitze im Olivenöl anschwitzen. Die Linsen dazugeben, Bouillon oder Wasser angießen und sparsam salzen. Die Linsen 30 Minuten bei mittlerer Hitze köcheln lassen; dabei gelegentlich umrühren, damit sie nicht am Topfboden anhängen.

In der Zwischenzeit den frischen Spinat in etwas Salzwasser zusammenfallen lassen, gut ausdrücken und beiseitestellen. Den Tiefkühlspinat auftauen lassen.

Sobald die Linsen weich sind, den Topf vom Herd nehmen und die Suppe fein pürieren. Den Spinat dazugeben. Die Suppe erneut kurz pürieren, mit dem Zitronensaft, Salz und Pfeffer abschmecken und servieren.

ROTE LINSEN-SPINAT-SUPPE

LINSENSUPPE MIT MIESMUSCHELN

Für 5–6 Personen
Vorbereitung: 25 Minuten
Kochzeit: 40 Minuten

1 kg frische Miesmuscheln
4 Schalotten
200 ml Weißwein
250 g Fuy-Linsen
100 ml Sahne
Salz, Pfeffer

Die Muscheln säubern und gründlich waschen, um sie vollständig von Sandresten zu befreien. Offene Muscheln, die sich auf Berührung nicht schließen, aussortieren. Die Schalotten schälen und würfeln.

Die Muscheln mit der Hälfte des Weins, den Schalotten und einem Liter Wasser in einen Topf geben und 5–10 Minuten zugedeckt bei starker Hitze kochen lassen, bis sie sich geöffnet haben. Mit einem Schaumlöffel herausheben, das Fleisch aus den Schalen lösen und warm stellen, ungeöffnete Muscheln wegwerfen.

Den Muschelsud durch ein feines Sieb gießen und wieder in den Topf geben. Mit Wasser auf insgesamt einen Liter Flüssigkeit auffüllen, die Linsen hineingeben und in 35–40 Minuten weich garen.

Den Topf vom Herd nehmen und die Suppe fein pürieren. Den restlichen Wein, die Sahne (und gegebenenfalls etwas heißes Wasser) unterrühren, mit Salz und Pfeffer abschmecken und unmittelbar vor dem Servieren die Muscheln dazugeben.

GRÜNE LINSENSUPPE MIT RÄUCHERWURST (Rezept Seite 86)

GRÜNE LINSENSUPPE MIT COLOMBOPULVER *(Rezept Seite 86)*

GRÜNE LINSENSUPPE MIT RÄUCHERWURST *(Foto Seite 84)*

Für 5–6 Personen
Vorbereitung: 10 Minuten
Kochzeit: 40 Minuten

1 Zwiebel
1 Karotte
1 TL Olivenöl
250 g Puy-Linsen
1 l Gemüsebouillon (Rezept
Seite 122) oder Wasser
1 Bouquet garni
1 Morteau-Wurst (oder eine
andere würzige geräucherte
Schweinewurst)
Salz, Pfeffer

Die Zwiebel und die Karotte schälen. Die Zwiebel würfeln und die Karotte in Scheiben schneiden.

Das Öl in einem Topf erhitzen und die Zwiebel unter gelegentlichem Rühren darin anschwitzen. Die Karotte und die Linsen dazugeben, umrühren und Bouillon oder Wasser angießen. Das Kräutersträußchen und die Wurst hinzufügen und sparsam salzen. Bei starker Hitze aufkochen lassen, die Wärmezufuhr reduzieren und die Linsen mindestens 40 Minuten köcheln lassen.

Sobald die Linsen weich sind, das Kräutersträußchen und die Wurst herausnehmen. Die Suppe sehr fein pürieren, dabei eventuell noch etwas Wasser hinzufügen. Die Wurst pellen und in Scheiben schneiden. Die Scheiben vierteln. Die Linsensuppe mit Salz und Pfeffer abschmecken und die Wurst hineingeben.

MIT COLOMBOPULVER *(Foto Seite 85)*

+ 1 EL Colombo- oder
Currypulver

Die Suppe wie oben beschrieben zubereiten. Allerdings die Zwiebel mit Colombo- oder Currypulver in dem Öl anschwitzen und die Wurst weglassen.

Tipp: Colombopulver, eine Spezialität der karibischen Küche, ist eine fein gemahlene Mischung aus Kardamom, Kreuzkümmel, Gewürznelken, schwarzem Pfeffer, Muskat, Cayennepfeffer und – je nach Hersteller – Zimt, die man in Gewürzgeschäften bekommt.

LINSENSUPPE MIT KNUSPRIGEM HÄHNCHEN

Für 4–5 Personen
Vorbereitung: 20 Minuten
Kochzeit: 40 Minuten

2 große Zwiebeln
150 g durchwachsener Räucherspeck in Scheiben
2 EL Olivenöl
250 g grüne Linsen
Salz
2 Hähnchenbrustfilets

Die Zwiebeln schälen und fein würfeln. Den Speck in feine Streifen schneiden.

Einen Esslöffel Öl in einem Topf erhitzen und die Zwiebeln mit dem Speck darin etwa 5 Minuten zugedeckt bei geringer Hitze anschwitzen. Dabei gelegentlich umrühren. Die Linsen waschen und dazugeben. Einen Liter Wasser angießen und sparsam mit Salz würzen, denn der Speck ist bereits salzig.

Bei starker Hitze aufkochen lassen, dann die Wärmezufuhr verringern und die Linsen in etwa 40 Minuten sehr weich kochen. In der Zwischenzeit das Fleisch in Streifen schneiden, in dem restlichen Öl knusprig braten und warm stellen.

Den Topf vom Herd nehmen und die Suppe fein pürieren. Gegebenenfalls etwas heißes Wasser hinzufügen, damit sie die gewünschte Konsistenz bekommt. Abschmecken, die Fleischstreifen hineingeben und servieren.

LINSENSUPPE MIT KNUSPRIGEM HÄHNCHEN

SCHARFE KIDNEYBOHNEN-TOMATEN-SUPPE *(Rezept Seite 90)*

MAISSUPPE MIT PAPRIKA *(Rezept Seite 90)*

SCHARFE KIDNEYBOHNEN-TOMATEN-SUPPE *(Foto Seite 88)*

Für 4 Fersonen
Vorbereitung: 10 Minuten
Kochzeit: 30 Minuten

500 g reife Tomaten oder
1 kleine Dose geschälte Tomaten
2 Knoblauchzehen
500 g Kidneybohnen (aus
der Dose)
500 ml Rinderbouillon (Rezept
Seite 124) oder Wasser
Salz
Saft von 1 Zitrone
2 TL Chilipaste

Die frischen Tomaten mit kochendem Wasser überbrühen, enthäuten und klein schneiden. Den Knoblauch schälen und zerdrücken. Die Kidneybohnen in ein Sieb geben und abspülen.

Die Tomaten mit den Bohnen in einen Topf geben, den zerdrückten Knoblauch hinzufügen und Bouillon oder Wasser angießen. Mit Salz würzen und die Suppe zugedeckt bei schwacher Hitze mindestens 30 Minuten köcheln lassen.

Den Topf vom Herd nehmen und den Zitronensaft und die Chilipaste hineingeben. Die Suppe grob pürieren, bei Bedarf noch etwas Wasser hinzufügen und abschmecken.

MAISSUPPE MIT PAPRIKA *(Foto Seite 89)*

Für 4 Personen
Vorbereitung: 20 Minuten
Kochzeit: 10 Minuten

½ rote Paprikaschote
1 Zwiebel
1 Stange Staudensellerie
1 EL Olivenöl
einige Zweige Thymian
1 Dose (400 g) Maiskörner
Salz, Pfeffer
250 ml Milch

Paprikaschote, Zwiebel und Sellerie schälen oder putzen und fein schneiden.

Das Öl in einem Topf erhitzen und die Zwiebel mit dem Thymian etwa 5 Minuten darin bei schwacher Hitze anschwitzen. Den Sellerie hinzufügen, umrühren und 5 Minuten mit anschwitzen. Die Paprikaschote dazugeben, umrühren und das Ganze weitere 5 Minuten garen. Den abgegossenen Mais dazugeben, 250 Milliliter Wasser angießen und mit Salz und Pfeffer würzen. Den Deckel auflegen, das Gemüse bei hoher Temperatur aufkochen und 10 Minuten bei geringer Hitze köcheln lassen.

Den Topf vom Herd nehmen, die Thymianstängel entfernen und die kalte Milch hineingießen. Alles zu einer sämigen Suppe pürieren und abschmecken. In Argentinien heißt diese Suppe *mazamorra*, das Gemüse wird hier allerdings nicht püriert.

ERBSENSUPPE MIT RÄUCHERSPECK

Für 4 Personen
Vorbereitung: 15 Minuten
Kochzeit: 40 Minuten

200 g Lauch
100 g Karotten
1 Zwiebel
200 g grüne Erbsen, enthülst
1 EL Olivenöl
750 ml Gemüsebouillon (Rezept
Seite 122) oder Wasser
1 Zweig Thymian
1 Lorbeerblatt
Salz, Pfeffer
2 Scheiben durchwachsener
Räucherspeck

Den Lauch putzen, in Ringe schneiden und gründlich waschen. Die Karotten und die Zwiebel schälen und beides klein schneiden. Die Erbsen mit kaltem Wasser abspülen.

Das Öl in einem Topf erhitzen und Lauch und Zwiebel darin 5 Minuten bei geringer Hitze anschwitzen. Bouillon oder Wasser angießen und die Erbsen mit den Karotten dazugeben. Thymian und Lorbeerblatt zusammenbinden, das andere Garnende am Topfgriff befestigen (so vergisst man nicht, sie vor dem Pürieren herauszunehmen …) und die Kräuter in den Topf legen. Sparsam mit Salz und Pfeffer würzen und zugedeckt bei schwacher bis mittlerer Hitze 30–40 Minuten köcheln lassen.

In der Zwischenzeit den Speck in kleine Stifte schneiden und in einer Pfanne knusprig braten. Sobald die Erbsen weich sind, das Kräutersträußchen herausnehmen und die Suppe fein pürieren. Dabei gegebenenfalls noch etwas Wasser hinzufügen. Die Suppe abschmecken und den Speck hineingeben.

ERBSENSUPPE MIT RÄUCHERSPECK

PASTINAKENCREMESUPPE *(Rezept Seite 94)*

PASTINAKENCREMESUPPE MIT FRISCHEM THYMIAN *(Rezept Seite 94)*

PASTINAKENCREMESUPPE *(Foto Seite 92)*

Für 4 Personen
Vorbereitung: 20 Minuten
Kochzeit: 30 Minuten

1 kg Pastinaken
2 Zwiebeln
1 EL Olivenöl
1 l Gemüsebouillon (Rezept
Seite 122) oder Wasser
Salz
150 g Crème fraîche

Die Pastinaken schälen, waschen und in Stücke schneiden. Die Zwiebeln schälen, fein würfeln und 5 Minuten bei geringer Hitze im Olivenöl anschwitzen. Dabei gelegentlich umrühren. Die Pastinaken dazugeben, Bouillon oder Wasser angießen und sparsam salzen.

Bei hoher Temperatur aufkochen lassen und etwa 30 Minuten bei mittlerer Hitze sehr weich garen.

Den Topf vom Herd nehmen und alles zu einer sämigen Suppe pürieren (gegebenenfalls noch etwas heißes Wasser hinzufügen). Abschmecken und unmittelbar vor dem Servieren die Crème fraîche einrühren.

MIT FRISCHEM THYMIAN *(Foto Seite 93)*

+ 200 g Karotten
+ einige Zweige Thymian
+ 4 EL Olivenöl

Die Suppe wie oben beschrieben zubereiten, dabei aber die Hälfte der Pastinaken durch Karotten und die Crème fraîche durch Olivenöl ersetzen und die Suppe vor dem Servieren mit frischem Thymian bestreuen.

Durch die Karotten bekommt die Suppe eine intensivere Farbe, und die Verbindung von Karotten und Pastinaken harmoniert vorzüglich mit dem Thymian.

MIT GESCHMOLZENEN SCHALOTTEN

+ 400 g Schalotten
+ 1 EL Olivenöl
+ 1 TL Honig
+ 2 EL Balsamicoessig

Die Suppe wie die Pastinakencremesuppe mit frischem Thymian zubereiten, aber anstelle des Olivenöls und Thymians geschmolzene Schalotten dazugeben. Dafür, während die Suppe kocht, die Schalotten schälen, fein schneiden und in einem kleinen Topf bei sehr geringer Hitze im Olivenöl anschwitzen, bis sie sehr weich sind. Dabei nach und nach etwa 150 Milliliter Wasser angießen, damit die Schalotten nicht anhängen. Zum Schluss den Honig und den Essig hinzufügen und sparsam mit Salz würzen.

Die Suppe auf vier Teller oder Schalen verteilen und jeweils mit einem gehäuften Esslöffel Schalotten garnieren.

Tipp: Nach Belieben kann man diese Suppe wie auch die einfache Pastinakencremesuppe mit Crème fraîche verfeinern.

PASTINAKENCREMESUPPE MIT GESCHMOLZENEN SCHALOTTEN

STECKRÜBENSAMTSUPPE

Für 4 Personen
Vorbereitung: 25 Minuten
Kochzeit· 40 Minuten

500 g Steckrüben
250 g mehligkochende Kartoffeln
2 Zwiebeln
1 EL Olivenöl
1 l Rinderbouillon (Rezept Seite 124) oder Wasser
Salz

Rüben und Kartoffeln waschen, schälen und in Stücke schneiden. Die Zwiebeln schälen und fein würfeln.

Das Öl in einem Topf erhitzen und die Zwiebeln bei geringer Hitze darin anschwitzen. Dabei von Zeit zu Zeit umrühren, damit sie nicht anhängen. Die Rüben und die Kartoffeln dazugeben, Bouillon oder Wasser angießen und sparsam mit Salz würzen.

Zugedeckt bei starker Hitze aufkochen lassen, dann den Herd auf mittlere Temperatur schalten und die Suppe mindestens 40 Minuten köcheln lassen, bis die Rüben sehr weich sind.

Den Topf vom Herd nehmen, die Suppe fein pürieren und abschmecken. Sie kann vor dem Servieren noch mit etwas Crème fraîche, Butter oder Olivenöl verfeinert werden.

MIT AHORNSIRUP

+ 4 EL Ahornsirup

Die Suppe wie oben beschrieben zubereiten, in Teller oder Schalen schöpfen und mit etwas Ahornsirup beträufeln. Ein absoluter Klassiker!

KERBELRÜBENSUPPE

Für 4 Personen
Vorbereitung: 25 Minuten
Kochzeit: 20 Minuten

800 g Kerbelrüben
2 Zwiebeln
1 EL Olivenöl
1 l Gemüsebouillon (Rezept
Seite 122) oder Wasser
Salz
Haselnussöl oder geröstetes
Sesamöl oder Crème fraîche

Die Rüben schälen, die Enden kappen und die Rüben klein schneiden.
Die Zwiebeln schälen und fein würfeln.

Das Olivenöl in einem Topf erhitzen und die Zwiebeln darin einige Minuten
bei geringer Hitze anschwitzen. Dabei gelegentlich umrühren, damit sie
nicht anhängen. Die Rüben dazugeben, Bouillon oder Wasser angießen und
sparsam mit Salz würzen. Bei starker Hitze aufkochen lassen, die Wärmezufuhr reduzieren und die Rüben in etwa 20 Minuten weich kochen.

Den Topf vom Herd nehmen, die Suppe fein pürieren und abschmecken.
Auf vier Teller oder Schalen verteilen, mit etwas Haselnussöl oder geröstetem
Sesamöl beträufeln oder mit einem Klecks Crème fraîche garnieren und
servieren.

Tipp: Die kastanienähnlich schmeckenden Kerbelrüben sind ein seltenes Gemüse
und relativ teuer. Wer mag, kann einen Teil der Rüben durch Kartoffeln ersetzen.
Die Kartoffeln vorher klein schneiden, damit sie schneller weich werden.

TOPINAMBURCREMESUPPE

Für 4 Personen
Vorbereitung: 25 Minuten
Kochzeit: 20 Minuten

600 g Topinambur
2 Zwiebeln
1 EL Olivenöl
750 ml Gemüsebouillon (Rezept
Seite 122) oder Wasser
Salz
100 g Crème fraîche

Die Topinambure waschen, schälen und klein schneiden. Die Zwiebeln schälen und würfeln.

Das Öl in einem Topf erhitzen und die Zwiebeln darin einige Minuten bei geringer Hitze anschwitzen. Dabei von Zeit zu Zeit umrühren, damit sie nicht anhängen. Die Topinambure dazugeben und 5 Minuten mit den Zwiebeln anschwitzen. Bouillon oder Wasser angießen, sparsam mit Salz würzen und das Gemüse in 15–20 Minuten bei mittlerer Hitze weich garen.

Den Topf vom Herd nehmen, die Suppe fein pürieren und abschmecken. Unmittelbar vor dem Servieren die Crème fraîche einrühren.

TOPINAMBURCREMESUPPE – VARIATIONEN

MIT KASTANIEN UND SPECK

+ 1 kleine Dose (200 g) Esskastanien
+ 6 Scheiben durchwachsener
Räucherspeck

Die Suppe wie auf Seite 100 beschrieben zubereiten. Während die Topinambure kochen, die Speckscheiben halbieren, in einer Pfanne knusprig braten und beiseitestellen.

Die Kastanien in etwas Wasser erhitzen. Die abgetropften Kastanien zur pürierten Topinambursuppe geben und alles noch einmal kurz im Mixer pürieren. Auf die Teller verteilen und jeweils mit drei halben Speckscheiben garnieren.

MIT HASELNÜSSEN

+ Haselnussöl
+ grob gehackte Haselnüsse

Die Suppe wie auf Seite 100 beschrieben zubereiten. Um die leichte Haselnussnote des Topinamburs zu unterstreichen, die Crème fraîche durch etwas Haselnussöl ersetzen und die Suppe zum Schluss mit grob gehackten Haselnüssen bestreuen.

TOPINAMBURCREMESUPPE MIT KASTANIEN UND SPECK

KICHERERBSENSUPPE MIT ROSINEN

Für 6 Personen
Vorbereitung: 25 Minuten
Kochzeit: 30 Minuten

1 Dose (400 g) Kichererbsen
600 g reife Tomaten (ersatzweise
1 Dose (800 g) geschälte
Tomaten)
1 Bund glatte Petersilie
2 Zwiebeln
3 Knoblauchzehen
1 EL Oliver öl
2 TL Currypulver
2 TL gemahlener Kreuzkümmel
500 ml Gemüsebouillon (Rezept
Seite 122) oder Wasser
Salz, Pfeffer
1 große Handvoll Rosinen

Die Kichererbsen in ein Sieb geben, abspülen und abtropfen lassen. Die Tomaten klein schneiden. Die Petersilie waschen und die Blätter abzupfen. Zwiebeln und Knoblauch schälen und fein schneiden.

Das Olivenöl in einem Topf erhitzen und die Gewürze darin anrösten. Knoblauch und Zwiebeln hinzufügen und etwa 5 Minuten bei sehr geringer Hitze anschwitzen. Tomaten, Kichererbsen und Petersilie dazugeben, Bouillon oder Wasser angießen, leicht mit Salz würzen und das Gemüse 30 Minuten zugedeckt bei schwacher Hitze köcheln lassen.

Den Topf vom Herd nehmen und die Suppe grob pürieren. Erneut auf dem Herd erwärmen, mit Salz und Pfeffer abschmecken und 5 Minuten vor dem Servieren die Rosinen einstreuen.

SCHWARZWURZELCREMESUPPE

Für 4 Personen
Vorbereitung: 20 Minuten
Kochzeit: 25 Minuten

1 kg Schwarzwurzeln
(etwa 600 g geputzte Wurzeln)
1 Kartoffel
1 Zwiebel
1 EL Olivenöl
750 ml Gemüsebouillon
(Rezept Seite 122) oder Wasser
100 g Crème fraîche
Salz, Pfeffer

Die Schwarzwurzeln schälen oder schaben (dazu am besten Handschuhe tragen, denn der milchige Saft der Wurzeln färbt die Hände schwarz), die Enden kappen, die Wurzeln in etwa fünf Zentimeter lange Stücke schneiden und bis zur Verwendung in Wasser legen.

Die Kartoffel schälen, waschen und in Stücke schneiden. Die Zwiebel schälen, fein würfeln und bei geringer Hitze im Olivenöl anschwitzen. Dabei gelegentlich umrühren, damit sie nicht anhängt. Schwarzwurzeln und Kartoffel dazugeben, Bouillon oder Wasser angießen und sparsam mit Salz würzen. Bei starker Hitze aufkochen lassen, dann die Wärmezufuhr verringern und das Gemüse 20–25 Minuten köcheln lassen.

Den Topf vom Herd nehmen. Die Suppe fein pürieren, mit Salz und Pfeffer abschmecken und mit der Crème fraîche verfeinern.

CREMESUPPE
VOM HOKKAIDOKÜRBIS

Für 5–6 Personen
Vorbereitung: 15 Minuten
Kochzeit: 25 Minuten

1 Hokkaidokürbis (1 kg)
2 Zwiebeln
2 TL Olivenöl
1 l Geflügelbouillon (Rezept
Seite 128) oder Wasser
100 g Sahne oder Crème fraîche
Muskatnuss
Salz, Pfeffer

Den Kürbis gründlich waschen, mit der Schale in Stücke schneiden (nehmen Sie dazu ein möglichst stabiles Messer, denn die Schale ist hart, wird aber beim Kochen ganz zart) und dabei die Kerne und das faserige Innere entfernen. Die Zwiebeln schälen und fein würfeln.

Das Öl in einem Topf erhitzen und die Zwiebeln einige Minuten darin anschwitzen. Den Kürbis dazugeben, Bouillon oder Wasser angießen und leicht mit Salz würzen. Bei starker Hitze aufkochen lassen, dann die Temperatur reduzieren und den Kürbis in 20–25 Minuten sehr weich garen. Die Suppe pürieren, mit der Crème fraîche verrühren und mit frisch geriebener Muskatnuss, Salz und Pfeffer abschmecken.

Tipp: Ist der Hokkaidokürbis richtig reif, kann man die Crème fraîche auch weglassen, denn das gegarte Fruchtfleisch ist dann bereits schön cremig.

MIT KNUSPRIGEM SPECK

+ 150 g durchwachsener
Räucherspeck oder roher
Schinken in Scheiben

Die Suppe wie oben beschrieben zubereiten. Den Speck oder Schinken in einer Pfanne knusprig braten. Die Suppe auf die Teller verteilen und den Speck darüberkrümeln oder in halbierten Scheiben darauflegen.

MARKTSUPPE

Für 4 Personen
Vorbereitung: 10 Minuten
Kochzeit: 30 Minuten

1 große oder 2 mittelgroße
Karotten
1 Stange Lauch
1 Stück Weißkohl, Wirsing
oder Grünkohl
1 Zwiebel
4–5 Salatblätter
1 weiße Rübe
500 ml Gemüsebouillon (Rezept
Seite 122) oder Wasser
Salz, Pfeffer

Das Rezept für diese Suppe findet man regelmäßig – häufig unter der Rubrik „Schlankmacher" – im Frühjahr in den Frauenzeitschriften. Denn diese vorzügliche und sättigende Gemüsesuppe kommt ganz ohne Kartoffeln und Fett aus.

Das Gemüse waschen, putzen oder schälen und fein schneiden. Alles in einen Topf geben, mit Gemüsebouillon oder Wasser bedecken, sparsam mit Salz und Pfeffer würzen und 20–30 Minuten köcheln lassen, bis die Karotten weich sind.

Die Suppe sofort servieren oder grob pürieren (dabei gegebenenfalls noch etwas Wasser hinzufügen, damit sie die gewünschte Konsistenz bekommt) und dann zu Tisch bringen.

MIT ZUCCHINI UND TOMATE

+ 1 Zucchini
+ 1 Tomate

Die Suppe wie oben beschrieben zubereiten, aber den Kohl und die weiße Rübe durch eine Zucchini und eine Tomate, beides klein geschnitten, ersetzen.

FRANZÖSISCHE WIRSINGSUPPE MIT KASTANIEN UND SPECK

Für 6 Personen
Vorbereitung: 15 Minuten
Kochzeit. 20 Minuten

½ **Wirsing**
200 g **Kcrotten**
1,2 l **Gemüsebouillon (Rezept**
Seite 122) oder Wasser
1 Dose (400 g) **Esskastanien**
6 Scheiben durchwachsener
Räucherspeck
1 TL **Olivenöl**
Salz, Pfeffer

Den Strunk und die welken Blattränder von dem Wirsing entfernen und die Wirsingblätter in Streifen schneiden. Die Karotten putzen und in Scheiben schneiden.

Die Karotten mit Bouillon oder Wasser in einen großen Topf geben und leicht salzen (der Räucherspeck und die Bouillon sind schon salzig). Bei starker Hitze aufkochen lassen, dann die Wärmezufuhr reduzieren, den Wirsing und die Kastanien dazugeben und das Ganze 20 Minuten köcheln lassen.

In der Zwischenzeit den Räucherspeck in Streifen schneiden, einige Minuten im Olivenöl anbraten und beiseitestellen.

Sobald die Karotten weich sind, den Topf vom Herd nehmen und die Suppe grob pürieren. Den Speck hinzufügen und die Suppe mit Salz und Pfeffer abschmecken.

Tipp: Das Pürieren der Suppe ist nicht unbedingt notwendig. Sie schmeckt auch mit großen Gemüsestücken hervorragend.

PORTUGIESISCHE WIRSINGSUPPE MIT SCHELLFISCH

Für 5–6 Personen
Vorbereitung: 25 Minuten
Kochzeit: 25 Minuten

1 Wirsing (800 g)
400 g mehligkochende Kartoffeln
200 g Karotten
2 Knoblauchzehen
1,2 l Gemüsebouillon (Rezept Seite 122) oder Wasser
Salz
1 geräuchertes Schellfischfilet

Den Wirsing putzen, den Strunk entfernen und den Kohl klein schneiden. Kartoffeln und Karotten schälen und ebenfalls klein schneiden. Den Knoblauch schälen und zerdrücken. Bouillon oder Wasser in einen Topf geben, die Kartoffeln mit dem Knoblauch hinzufügen und leicht salzen. Bei starker Hitze aufkochen lassen, dann die Temperatur reduzieren und den Wirsing und die Karotten dazugeben. Die Suppe 20–25 Minuten köcheln lassen, bis die Kartoffeln zerfallen und die Karotten sehr weich sind.

Den Topf vom Herd nehmen. Die Suppe grob pürieren und abschmecken. Sie sollte nicht sehr salzig sein, da der geräucherte Fisch bereits Salz enthält. Das Schellfischfilet enthäuten, in Stücke zerteilen und die Gräten dabei entfernen. Den Fisch unmittelbar vor dem Servieren zur Suppe geben.

Tipp: Geräucherter Schellfisch ist nicht immer leicht zu bekommen. Sie können auch einen anderen Räucherfisch Ihrer Wahl, beispielsweise Forellen- oder Makrelenfilet verwenden.

MIT CHORIZO

+ 1 kleine Chorizo (je nach Gusto mild oder scharf)

Die Suppe wie oben beschrieben zubereiten, den Fisch aber durch eine kleine Chorizo ersetzen. Die Wurst in Scheiben schneiden und bei starker Hitze in einer beschichteten Pfanne knusprig braten. Das Fett abgießen und die Wurst unmittelbar vor dem Servieren zur Suppe geben.

KASTANIENSUPPE MIT RÄUCHERSPECK

Für 6 Personen
Vorbereitung: 20 Minuten
Kochzeit: 30 Minuten

1 große oder 2 mittelgroße
Karotten
1 Stange Staudensellerie
1 Zwiebel
2 Knoblauchzehen
2 TL Olivenöl
600 g gegarte Esskastanien
(aus der Dose oder vakuumiert)
1 Bouquet garni
1½ l Gemüsebouillon (Rezept
Seite 122) oder Wasser
400 g durchwachsener Räucherspeck
Salz, Pfeffer

Die Karotte schälen und in Scheiben schneiden. Den Sellerie waschen,
die Blätter entfernen und die Stange klein schneiden. Zwiebel und Knoblauch
schälen und fein würfeln. Das Öl in einem Topf erhitzen und das Gemüse
darin etwa 5 Minuten bei geringer Hitze anschwitzen. Dabei gelegentlich
umrühren. Die Kastanien in ein Sieb geben, abspülen und mit dem Kräutersträußchen zum Gemüse geben. Bouillon oder Wasser angießen, leicht
mit Salz und Pfeffer würzen und bei starker Hitze aufkochen lassen. Dann die
Wärmezufuhr verringern und das Gemüse zugedeckt 30 Minuten köcheln
lassen.

In der Zwischenzeit den Räucherspeck fein würfeln und in einer sehr heißen
Pfanne – nur ganz leicht oder schön kross – anbraten. Sobald die Kastanien
weich sind, den Topf vom Herd nehmen, das Bouquet garni entfernen
und die Suppe fein pürieren. Dabei gegebenenfalls noch etwas Wasser hinzufügen. Die Suppe abschmecken (Vorsicht beim Salz, der Räucherspeck ist
bereits relativ salzig!) und mit den Speckwürfeln bestreut sofort servieren.

BORSCHTSCH

Für 6 Personen
Vorbereitung: 20 Minuten
Kochzeit: 30 Minuten

2 Rote Beten
2 Karotten
2 mehligkochende Kartoffeln
½ Rotkohl
2 Stangen Lauch
2 Tomaten (ersatzweise
200 g geschälte Tomaten aus
der Dose)
1 Zwiebel
1 EL Olivenöl
1½ l Rinderbouillon oder
Wasser
Salz, Pfeffer
Weinessig
Crème double

Sämtliches Gemüse waschen, schälen oder putzen und klein schneiden.

Das Öl in einem Topf erhitzen und die Zwiebel mit dem Lauch darin in
5 Minuten bei geringer Hitze goldgelb anschwitzen. Das übrige Gemüse
dazugeben, Bouillon oder Wasser angießen, leicht salzen und pfeffern
und zugedeckt 30 Minuten bei schwacher bis mittlerer Hitze garen. Dabei
von Zeit zu Zeit umrühren.

Sobald das Gemüse weich ist, die Suppe grob pürieren; dabei gegebenenfalls
noch etwas Wasser hinzufügen (der Borschtsch sollte relativ dick sein).
Die Suppe mit einem Spritzer Weinessig sowie Salz und Pfeffer abschmecken,
auf Teller oder Schalen verteilen und jede Portion mit einem Klecks Crème
double garnieren.

Bouillons & mehr

mal klassisch, mal exotisch

Diese ausgesprochen gesunden Brühen und Suppen brauchen zwar ihre Zeit, sind aber kinderleicht zuzubereiten und eröffnen Ihnen ganz neue geschmackliche Horizonte.

GEMÜSEBOUILLON

Vorbereitung: 30 Minuten
Kochzeit: 4–6 Stunden

1 kleines Stück Weißkohl
2 Stangen Lauch
4 Karotten
2 Zwiebeln
½ Knolle Sellerie
1 Stange Staudensellerie
1–2 weiße Rübchen
1 EL Olivenöl
1 Bouquet garni (1–2 Zweige
Thymian und 1 Lorbeerblatt,
mit Küchengarn zusammen-
gebunden)
Salz, Pfeffer

Den Strunk aus dem Kohl herausschneiden, falls nötig welke Blattränder entfernen und den Kohl zerkleinern. Den Lauch gründlich putzen und waschen. Das übrige Gemüse schälen und alles in grobe Stücke schneiden.

Das Öl bei niedriger Temperatur in einem großen Topf erhitzen und Zwiebeln, Lauch und Stangensellerie einige Minuten darin anschwitzen. Das restliche Gemüse dazugeben und mit reichlich Wasser (drei bis vier Liter) bedecken. Das Bouquet garni hinzufügen und sparsam mit Salz und Pfeffer würzen. Bei starker Hitze aufkochen lassen, dann die Wärmezufuhr verringern und das Gemüse 4–6 Stunden bei ganz niedriger Temperatur garen. Die Suppe in der ersten Stunde regelmäßig abschäumen.

Das Gemüse aus dem Topf nehmen und wegwerfen, es ist durch das lange Kochen vollständig ausgelaugt. Die Bouillon durch ein Sieb gießen, eventuell nachwürzen und abkühlen lassen.

RINDERBOUILLON

Vorbereitung: 30 Minuten
Kochzeit: mind. 6 Stunden

2 Zwiebeln
2 Karotten
1 Stange Staudensellerie
1 Stück Knollensellerie
1 Stange Lauch
1½–2 kg Fleischknochen
vom Rind
2 EL Olivenöl
1 Bouquet garni (1–2 Zweige
Thymian und 1 Lorbeerblatt,
mit Küchengarn zusammen-
gebunden)
Salz, Pfeffer

Sämtliches Gemüse putzen oder schälen, falls nötig waschen und grob hacken. Damit die Bouillon aromatisch wird und eine schöne Farbe bekommt, zunächst die Rinderknochen gut 5 Minuten in einem großen Kochtopf bei mittlerer bis starker Hitze im Olivenöl anbraten. Anschließend das Gemüse und das Bouquet garni dazugeben, mit reichlich Wasser (drei bis vier Liter) bedecken, mit Salz und Pfeffer würzen und den Deckel auflegen.

Kurz aufkochen lassen, die Wärmezufuhr dann sofort verringern und die Knochen mit dem Gemüse mindestens 6 Stunden bei sehr geringer Hitze köcheln lassen. Die Brühe in der ersten Stunde regelmäßig abschäumen. Die fertige Bouillon durch ein Sieb abseihen (das Gemüse und die Knochen wegwerfen). Rinderbouillon ist sehr fett und sollte deshalb entfettet werden. Dafür die Bouillon abkühlen lassen und das erstarrte Fett, das sich an der Oberfläche abgesetzt hat, abnehmen.

GEFLÜGELBOUILLON MIT SCHALOTTEN

Für 6 Personen
Vorbereitung: 10 Minuten
Kochzeit: 50 Minuten

250 g Schalotten
250 g rote Zwiebeln
1 TL Olivenöl
1½ l Geflügelbouillon (Rezept
Seite 128)
1 EL Zucker
Salz, Pfeffer
1 EL Senf
1–2 Zweige Estragon

Schalotten und Zwiebeln schälen, fein schneiden und bei sehr geringer Hitze 20 Minuten in dem Olivenöl anschwitzen. Dabei gelegentlich umrühren und etwas Bouillon angießen, damit sie nicht anhängen und langsam Farbe annehmen. Mit dem Zucker bestreuen und 10 Minuten karamellisieren lassen. Anschließend die restliche Bouillon angießen und aufkochen lassen.

Die Bouillon 15 Minuten köcheln lassen, vor dem Servieren mit Salz und Pfeffer abschmecken, den Senf einrühren und den fein geschnittenen Estragon hinzufügen.

GEFLÜGELBOUILLON

Vorbereitung: 30–40 Minuten
Kochzeit: 5–6 Stunden

2 Zwiebeln
2 Karotten
1 Stange Staudensellerie
1 Stück Knollensellerie
1 Stange Lauch
3 EL Olivenöl
1–2 Geflügelkarkassen
(Hähnchen, Ente, Perlhuhn ...)
+ einige Flügel
1 Bouquet garni (1–2 Zweige
Thymian und 1 Lorbeerblatt,
mit Küchengarn zusammen-
gebunden)
Salz, Pfeffer

Das Gemüse putzen oder schälen, falls nötig waschen und grob hacken.

BRAUNE BOUILLON (Vorbereitung 40 Minuten):
Zwei Esslöffel Olivenöl in einem großen Kochtopf erhitzen und die Karkas-
sen bei mittlerer bis starker Hitze rundherum darin anbräunen. Drei bis
vier Liter Wasser angießen, das Bouquet garni hinzufügen und sparsam mit
Salz und Pfeffer würzen. In einem zweiten Topf Zwiebeln, Lauch und
Staudensellerie einige Minuten in einem Esslöffel Olivenöl anschwitzen. Mit
dem übrigen Gemüse zu den Karkassen geben, nochmals mit Salz und
Pfeffer würzen, den Deckel auflegen und aufkochen lassen. Den Herd auf
ganz schwache Hitze stellen und das Ganze 5–6 Stunden köcheln lassen.
Die Brühe in der ersten Stunde regelmäßig abschäumen. Je länger die Koch-
zeit, desto konzentrierter ist das Aroma der fertigen Brühe.
Die Bouillon anschließend durch ein Sieb abseihen und abschmecken. Das
Gemüse und die Knochen wegwerfen.
Wer mag, kann die Brühe vor dem Servieren entfetten. Die Bouillon dazu
am besten vollständig abkühlen lassen, dann lässt sich das Fett, das sich an
der Oberfläche absetzt, mühelos abnehmen.

KLARE BOUILLON (Vorbereitung 30 Minuten)
Die Brühe wie oben beschrieben zubereiten, die Karkassen jedoch nicht
anbraten. Zuerst die Zwiebeln mit Lauch und Stangensellerie anschwitzen
und anschließend das übrige Gemüse und die Karkassen dazugeben, das
Wasser angießen und mit Salz und Pfeffer würzen. Die fertige Bouillon ist
klarer und doch sehr aromatisch.

Die Geflügelbouillon kann – wie auch die Gemüse- und die Rinderbouillon –
in vielen der in diesem Buch vorgestellten Rezepte das Wasser ersetzen und
verleiht den Suppen zusätzlichen Geschmack und eine besondere Note.

THAILÄNDISCHE KOKOSSUPPE

Für 2–3 Personen
Vorbereitung: 10 Minuten
Kochzeit: 20 Minuten

einige Stängel Zitronengras
1 kleines Stück Ingwer
2 Kaffirlimettenblätter
500 ml Geflügelbouillon (Rezept
Seite 128)
1 gestrichener TL Zucker
1 kleine Dose (200 ml) Kokosmilch
½–1 kleine Thai-Chilischote
1 EL Nuoc mam (vietnamesische
Fischsauce)
1 Hähnchenbrustfilet
einige Reisstrohpilze
4–6 Maiskölbchen (aus der
Dose)
Saft von ½ Limette
etwa 10 Zweige Koriandergrün

Die äußeren harten Schichten des Zitronengrases entfernen und das weiße Innere in einige Zentimeter lange Stifte schneiden und mit der Messerklinge oder im Mörser leicht zerdrücken. So entfaltet es sein Aroma besonders gut. Den Ingwer schälen und ganz fein schneiden. Die Kaffirlimettenblätter waschen.

Die Bouillon in einem Topf zum Kochen bringen und Ingwer, Zitronengras, Zucker und die Limettenblätter 5 Minuten darin köcheln lassen. Anschließend die Kokosmilch, die klein geschnittene Chilischote und die Fischsauce hinzufügen und die Suppe weitere 5 Minuten köcheln lassen.

In der Zwischenzeit das Fleisch in dünne Scheiben schneiden. Mit den klein geschnittenen Pilzen zur Bouillon geben und so lange garen, bis es weiß wird.

Die Suppe anschließend vom Herd nehmen, die Maiskölbchen und den Limettensaft hinzufügen und noch einmal abschmecken (man sollte sowohl die Schärfe des Chilis und des Ingwers, die sahnige Kokosmilch, die Süße des Zuckers, das Salzige der Fischsauce und die säuerliche Note der Limette herausschmecken). Die Korianderblätter dazugeben und die Suppe servieren.

Tipp: Falls Sie keine Kaffirlimettenblätter bekommen, nehmen Sie einfach etwas mehr Zitronengras. Mit Reis serviert, ergibt diese kinderleicht zuzubereitende Suppe eine vollwertige Mahlzeit.

VIETNAMESISCHE PHO-SUPPE

Für 4 Personen
Vorbereitung: 30 Minuten
Kochzeit: 15 Minuten

2 Hähnchenbrustfilets
180 g Reisvermicelli
1 l Geflügelbouillon (Rezept
Seite 128)
2 Sternanis
2 Gewürznelken
1 Zimtstange
2 TL Zucker
2 TL Nuoc mam (vi-etnamesische
Fischsauce, ersatzweise
Sojasauce)
1 TL Sambal Oelek (ersatzweise Harissa)
Pfeffer

Für die Marinade
1 EL Sojasauce
2 TL Reiswein oder trockener
weißer Portwein
1 TL Zucker
1 TL Sesamöl
1 TL Maisstärke

Zum Servieren
Schnittlauch
Frühlingszwiebeln
Koriandergrün
Thai-Basilikum (oder herkömm-
liches Basilikum)
Sojasprossen
Sojasauce
Sambal Oelek

Die Zutaten für die Marinade in einer Schüssel verrühren. Das Fleisch in sehr feine Streifen schneiden, in die Marinade geben, darin wenden und 20 Minuten im Kühlschrank ziehen lassen. Aus der Marinade nehmen und abtropfen lassen; die Marinade weggießen.

In der Zwischenzeit die Nudeln 20 Minuten in heißem Wasser einweichen und danach in ein Sieb abgießen.

Die Bouillon in einem Wok aufkochen, die Gewürze und den Zucker hinzufügen und die Brühe 5 Minuten kochen lassen. Das Fleisch hineingeben und 1–2 Minuten unter Rühren erhitzen. Mit Nuoc mam, Sambal Oelek und etwas Pfeffer würzen und 2 Minuten kochen lassen. Zum Schluss die Nudeln dazugeben und die Suppe noch 3 Minuten kochen lassen.

Sternanis, Gewürznelken und Zimtstange mit einem Schaumlöffel herausnehmen und die Suppe sofort in großen Schalen servieren. Schnittlauch, Frühlingszwiebeln, Koriandergrün und Basilikum, alles fein geschnitten, Sojasprossen und die Saucen getrennt dazu reichen.

Tipp: Wer mag, kann das Hähnchenfleisch durch ein dünn aufgeschnittenes Hacksteak (200 Gramm) ersetzen.

JAPANISCHE MISOSUPPE

Für 4–6 Personen
Vorbereitung: 10 Minuten
Kochzeit: 2 Minuten

einige getrocknete Morcheln
2 TL Dashi
1 EL Wakame (Braunalge)
1 junge weiße Zwiebel
100 g Tofu
2 EL Miso

Die Morcheln in lauwarmem Wasser einweichen. Dashi in einem Liter Wasser auflösen, die Wakame hinzufügen und die Brühe bis zum Siedepunkt erhitzen. In der Zwischenzeit die Zwiebel fein hacken, den Tofu fein würfeln und die Pilze in schmale Streifen schneiden. Alles zur heißen Brühe geben und 2 Minuten kochen lassen. Eine Schale voll Brühe abnehmen und das Miso darin auflösen. Die Herdplatte ausschalten, die Misobrühe einrühren (das Miso darf nicht aufkochen) und die Suppe sofort servieren.

Tipps: Miso ist eine außerordentlich salzige und eiweißreiche fermentierte Paste aus Sojabohnen und Getreide. Dashi ist eine Instantbrühe aus Algen und Fisch, die als Grundlage für die traditionelle japanische Brühe dient. Algen und Morcheln werden meist getrocknet angeboten. Sämtliche Zutaten für diese Suppe sind in japanischen Lebensmittelgeschäften, Asialäden und gut sortierten Supermärkten erhältlich. Die Suppe kann auch noch mit klein geschnittenem Kohl, geraspelten Karotten oder anderem fein geschnittenen Gemüse angereichert werden und wer mag, kann Reis dazu reichen.

Kalte Suppen

Gazpacho & Milchshakes

GAZPACHO

Für 6–8 Personen
Zubereitung: 25 Minuten
Kühlen: 1 Stunde

4 Frühlingszwiebeln
2 Knoblauchzehen
1 rote oder gelbe Paprikaschote
1 Salatgurke
1 kg Tomaten oder 1 Dose
(800 g) geschälte Tomaten
½ TL Zucker
3 EL Olivenöl
Tabascosauce
4 EL Balsamicoessig
Salz, Pfeffer

Das Gemüse waschen. Die Frühlingszwiebeln putzen, den Knoblauch schälen und beides fein schneiden. Die Paprikaschote von Stiel, Samen und Scheidewänden befreien und in schmale Streifen schneiden. Die ungeschälte Gurke klein schneiden (ist die Schale sehr hart, kann man sie in Streifen abschälen; die grüne Farbe ist wichtig). Die frischen Tomaten mit kochendem Wasser überbrühen, enthäuten, die Samen entfernen und das Fruchtfleisch klein schneiden.

Sämtliches Gemüse in eine große Schüssel füllen, Zucker, Öl, Tabascosauce und Essig dazugeben und mit Salz und Pfeffer würzen. Das Gemüse grob pürieren und dabei 200 Milliliter Wasser hinzufügen, der Gazpacho sollte eher flüssig sein.

Die Suppe noch einmal abschmecken, eventuell fehlt auch noch etwas Essig oder Tabascosauce, und vor dem Servieren mindestens für 1 Stunde in den Kühlschrank stellen.

GAZPACHO MIT KREBSFLEISCH UND GAZPACHO MIT EI *(Rezepte Seite 142)*

GAZPACHO MIT MELONE *(Rezept Seite 142)*

GAZPACHO – VARIATIONEN

MIT KREBSFLEISCH *(Foto Seite 140)*

+ 1 Dose (etwa 400 g)
Krebsfleisch

Den Gazpacho wie auf Seite 138 beschrieben zubereiten und unmittelbar
vor dem Servieren das abgetropfte Krebsfleisch untermischen oder nur einen
Teil untermischen und etwas davon dekorativ auf jede Portion geben.

MIT EI *(Foto Seite 140)*

+ 1 hart gekochtes Ei pro Person

Den Gazpacho wie auf Seite 138 beschrieben zubereiten, auf Schälchen oder
Gläser verteilen und mit dem fein gewürfelten Ei bestreuen.

MIT MELONE *(Foto Seite 141)*

+ 1 reife kleine Zuckermelone
oder 1 Stück Wassermelone

Den Gazpacho wie auf Seite 138 beschrieben zubereiten, auf Teller
oder Schalen verteilen und mit der fein gewürfelten Melone bestreuen. Die
Süße der Melone bildet einen angenehmen Kontrast zu dem säuerlichen
Gazpacho.

MIT MARINIERTEN GARNELEN

+ 400 g Tiefseegarnelen,
geschält
+ 3 EL Olivenöl
+ Saft von 1 Zitrone
+ 1–2 Zweige Thymian

Den Gazpacho wie auf Seite 138 beschrieben zubereiten. Während die
Suppe kühlt, die Garnelen marinieren. Dafür in einer Schüssel das Öl mit
dem Zitronensaft und den abgezupften Thymianblättern verrühren und
die Garnelen mindestens 1 Stunde darin marinieren. Die Garnelen, beispielsweise auf kleine Spieße gesteckt, getrennt zu der Suppe reichen.

GAZPACHO MIT MARINIERTEN GARNELEN

BLOODY MARY

Für 4–6 Personen
Vorbereitung: 10 Minuten
Kochzeit: 25 Minuten
Kühlen: 4 Stunden

2 Stangen Staudensellerie
2 TL Olivenöl
1 kg reife Tomaten oder 1 Dose
(800 g) geschälte Tomaten
2 unbehandelte Limetten
Salz, Pfeffer
100 ml Wodka
1 EL Tabascosauce
1 EL Worcestersauce

Den Sellerie waschen, putzen, sehr klein schneiden und etwa 15 Minuten bei geringer Hitze im Olivenöl anschwitzen, bis er weich ist. Dabei gelegentlich umrühren. Die frischen Tomaten waschen, mit kochendem Wasser überbrühen, enthäuten, klein schneiden und zum Sellerie geben oder, falls verwendet, die Dosentomaten hinzufügen. Die Schale einer Limette abreiben und ebenfalls hinzufügen. Mit Salz würzen und das Gemüse 10 Minuten zugedeckt köcheln lassen.

Den Topf vom Herd nehmen und den Inhalt fein pürieren. Den Wodka, den Saft der beiden Limetten, Tabasco- und Worcestersauce einrühren (man kann, ganz nach Geschmack, auch mehr oder weniger Wodka und Tabascosauce dazugeben).

Die Suppe mit Salz und Pfeffer abschmecken, 2 Stunden bei Raumtemperatur abkühlen lassen und vor dem Servieren für mindestens 2 Stunden kalt stellen. Nach Belieben mit Eiswürfeln und hauchdünnen Limettenscheiben servieren.

Tipp: Die Bloody Mary schmeckt auch heiß vorzüglich.

ANANAS-KAROTTEN-SUPPE MIT INGWER

Für 4–5 Personen
Vorbereitung: 20 Minuten
Kochzeit: 30 Minuten
Kühlen: 4 Stunden

500 g Karotten
2 Zwiebeln
1 kleine Ananas (ersatzweise
1 kleine Dose Ananasscheiben)
1 daumengroßes Stück Ingwer
1 TL Olivenöl
1 l Geflügelbouillon (Rezept
Seite 128) oder Wasser
200 ml Ananassaft
Salz, Pfeffer

Die Karotten putzen und in Scheiben schneiden. Die Zwiebeln schälen und fein würfeln. Die Ananas schälen und vom Strunk befreien. Die frische oder Dosenananas in kleine Stücke schneiden. Den Ingwer schälen und fein hacken.

Das Olivenöl in einem Topf erhitzen und die Zwiebeln unter gelegentlichem Rühren darin anschwitzen. Den Ingwer hinzufügen und einige Minuten garen. Die Karotten dazugeben, Bouillon oder Wasser und den Ananassaft angießen und mit Salz würzen. Bei starker Hitze aufkochen lassen, die Wärmezufuhr verringern und die Karotten in etwa 30 Minuten weich garen. Die Ananas hinzufügen – einen Esslöffel voll zum Dekorieren zurückbehalten – und das Ganze – gegebenenfalls mit etwas zusätzlichem Wasser – pürieren.

Die Suppe mit Salz und Pfeffer abschmecken, 2 Stunden bei Zimmertemperatur abkühlen lassen und vor dem Servieren für mindestens 2 Stunden kalt stellen. Zum Servieren in Gläser füllen und mit den beiseitegestellten Ananasstückchen dekorieren.

Tipp: Die Karottensuppe kann auch heiß serviert werden.

VICHYSSOISE

Für 6 Personen
Vorbereitung: 20 Minuten
Kochzeit: 30 Minuten
Kühlen: 4 Stunden

500 g Lauch (nur die
weißen Teile)
1 Zwiebel
500 g Kartoffeln
2 TL Olivenöl
Salz, Pfeffer
250 ml Milch
250 ml Sahne
Schnittlauch

Den Lauch putzen, in feine Ringe schneiden und gründlich waschen. Die Zwiebel schälen und fein würfeln. Die Kartoffeln schälen und in Stücke schneiden. Lauch und Zwiebel einige Minuten im Olivenöl anschwitzen. Die Kartoffeln dazugeben, einen Liter Wasser angießen, mit Salz würzen und zugedeckt 30 Minuten köcheln lassen.

Den Topf vom Herd nehmen und den Inhalt zu einer sehr feinen, sämigen Suppe pürieren. Nach und nach die Milch und die Sahne einrühren und mit Salz und Pfeffer abschmecken.

Die Suppe 2 Stunden bei Raumtemperatur abkühlen lassen und vor dem Servieren für mindestens 2 Stunden kalt stellen. Mit Schnittlauchröllchen bestreut servieren.

GURKEN-MILCHSHAKE MIT DILL

Für 6 Personen
Zubereitung: 10 Minuten
Kühlen: 1 Stunde

1 Salatgurke
1 kleines Bund Dill
500 ml Milch (1,5 % Fett)
Salz, Pfeffer

Die Gurke waschen, die Enden abschneiden und das Fruchtfleisch in Stücke teilen (die Gurke nicht schälen). Den Dill waschen und grob hacken, ein paar Dillspitzen zum Dekorieren beiseitelegen. Gurke und Dill mit der Milch pürieren und mit Salz und Pfeffer würzen.

Den Milchshake für mindestens 1 Stunde kalt stellen und mit Eiswürfeln und Dill garniert servieren. Vor dem Servieren noch einmal gut durchrühren.

Tipp: Der Dill kann auch durch frische Minze ersetzt werden, die ebenfalls vorzüglich mit der Gurke und der Milch harmoniert.

ERFRISCHENDE SELLERIE-APFEL-SUPPE

Für 4–5 Personen
Vorbereitung: 25 Minuten
Kochzeit: 30 Minuten
Kühlen: 4 Stunden

1 Knolle Sellerie
2 säuerliche Äpfel
(beispielsweise Granny Smith
oder Boskop)
1 Zwiebel
2 TL Olivenöl
Salz, Pfeffer
Saft von ½ Zitrone
Muskatnuss
1 Bund Schnittlauch

Den Sellerie schälen und in Stücke schneiden. Die Äpfel schälen, vom Kerngehäuse befreien und klein schneiden. Die Zwiebel schälen und fein würfeln.

Das Öl in einem Topf erhitzen und die Zwiebel darin zugedeckt bei geringer Hitze glasig schwitzen. Äpfel und Sellerie dazugeben und 5 Minuten unter gelegentlichem Rühren garen. Einen Liter Wasser angießen und mit Salz und Pfeffer würzen. Die Suppe bei starker Hitze aufkochen und dann 30 Minuten bei schwacher Hitze köcheln lassen. Sobald der Sellerie weich ist, den Topf vom Herd nehmen. Die Suppe fein pürieren, mit Zitronensaft und einer Prise Muskatnuss würzen und mit Salz und Pfeffer abschmecken.

Die Suppe 2 Stunden bei Raumtemperatur abkühlen lassen und vor dem Servieren für etwa 2 Stunden kalt stellen. Mit Schnittlauchröllchen bestreut servieren.

ROTE-BETE-SUPPE MIT ORANGE

Für 4 Personen
Vorbereitung: 15 Minuten
Kochzeit: 30 Minuten
Kühlen: 3 Stunden

6 Rote Beten
8 Schalotten
3 unbehandelte Orangen
2 TL Zucker
2 EL Balsamicoessig
Salz, Pfeffer
150 g Crème fraîche

Die Roten Beten schälen und in Würfel schneiden. Die Schalotten schälen und fein hacken.

Beides mit einem Liter Wasser in einen Topf geben und bei starker Hitze aufkochen lassen. Die Wärmezufuhr verringern und die Roten Beten in etwa 30 Minuten sehr weich garen. In der Zwischenzeit die Schale einer Orange abreiben und alle drei Orangen auspressen (man benötigt etwa 300 Milliliter Saft).

Sobald die Roten Beten weich sind, den Topf vom Herd nehmen. Die Suppe mit dem Orangensaft und Zucker fein pürieren. Mit Essig, Salz und Pfeffer abschmecken und die Orangenschale unterrühren. Die Suppe für 3 Stunden kalt stellen und mit einem Klecks Crème fraîche garniert servieren.

MELONENKALTSCHALE

Für 4 Personen
Zubereitung: 20 Minuten
Kühlen: 2 Stunden

2 reife Zuckermelonen
(beispielsweise Can-aloupe)
2 Orangen
1 Limette
1 haselnussgroßes Stück Ingwer
Zucker (nach Belieben)
1 Kiwi zum Garnieren

Die Melonen halbieren, die Kerne mit einem Löffel herausnehmen, das Fruchtfleisch schälen und in Stücke schneiden. Die Orangen und die Limette auspressen und mit dem Melonenfruchtfleisch in eine Schüssel geben. Den Ingwer fein reiben und hinzufügen.

Die Zutaten fein pürieren. Nach Belieben die Suppe mit Zucker abschmecken und mit etwas Wasser verdünnen.

Die Kaltschale für mindestens 2 Stunden in den Kühlschrank stellen. Direkt vor dem Servieren die Kiwi schälen und in Scheiben schneiden. Die Scheiben dritteln oder vierteln und die Kaltschale mit den Fruchtstückchen verzieren.

Davor, dazu, danach

Snacks, Salate und Kuchen

DIE TOPPINGS

Gerade haben Sie Ihre Suppe abgeschmeckt und für köstlich befunden. Hier noch ein paar kleine Extras, mit denen Sie der Suppe den letzten Schliff geben.

DIE KLASSIKER

Crème fraîche: Sie eignet sich besonders gut zum Einrühren, oder man serviert sie, eventuell mit Gewürzen wie Curry oder Zimt verfeinert, getrennt zur Suppe.

Crème double: perfekt, um Suppen damit zu garnieren – was sieht appetitlicher aus als ein Löffelchen Crème double, das ein wenig auf der Suppe zerläuft?

NOCH EIN KLASSIKER

Croûtons: Ein Stück (Weiß-)Brot in zentimeterdicke Scheiben und diese in Würfel schneiden. Einen Tag trocknen lassen und vor dem Servieren in einer Pfanne in etwas Olivenöl anbraten.

GESUND, DEKORATIV UND LECKER

Frische Kräuter: Sie sind nicht nur etwas fürs Auge, sondern auch für den Gaumen.
– Petersilie und Kerbel: Sie passen zu fast jedem Gemüse.
– Koriandergrün: Es hebt den Geschmack einfacher Karotten- und Tomatensuppen, ist nahezu das ganze Jahr über erhältlich und sollte in keinem Kühlschrank fehlen.
– Basilikum: Das Sommerkraut wird zwar besonders gerne mit Tomaten kombiniert, passt aber auch zu vielem Anderem. Achtung: Basilikum darf nicht gekocht werden.
– Schnittlauch: zählt ebenfalls zu den Kräutern und verleiht beispielsweise einer kalten Lauch- oder Selleriesuppe den letzten Pep. Auch Schnittlauch darf nicht gekocht werden.
– Dill: Das feine Kraut erinnert im Geschmack ein wenig an Anis und eignet sich besonders gut für sommerliche Suppen, insbesondere Gurkensuppe.

ETWAS SÄTTIGENDER

Käse: Auch wenn man es nicht vermutet, zu Gemüsesuppen passt fast jeder Käse. Man kann ihn direkt auf die Suppe geben oder man reicht ihn getrennt dazu. Da wären:
– Reibekäse, beispielsweise Greyerzer, Parmesan …
– Blauschimmelkäse, etwa Bleu d'Auvergne, Roquefort, Stilton …
– italienische Spezialitäten wie Mozzarella, Ricotta …
– und alle anderen, darunter Feta, Frischkäse, Gouda …

EHER TRADITIONELL

Speck und Wurst: Man gibt sie direkt in die Suppe oder serviert sie in einem Schälchen separat dazu.
– Speck: schmeckt am besten knusprig gebraten.
– Gebratene Chorizo: Eine halbe Chorizo (mild oder scharf) in Scheiben schneiden und ohne Öl in der Pfanne anbraten.
– Durchwachsener Räucherspeck ist Fleisch aus dem Bauch oder Rücken vom Schwein. Häufig wird er schon in dünne Scheiben geschnitten angeboten, die man ohne Zugabe von Fett in der Pfanne knusprig brät.

MIT BISS

Nüsse und Samen: Sie verleihen Suppen eine ungewöhnliche Note und Konsistenz. Sollten Sie unbedingt ausprobieren!
– Walnüsse, grob gehackt und geröstet, geröstete Pinienkerne, geröstete Haselnüsse, Kürbiskerne …
– Kokosraspel

UND AUSSERDEM

– geschmolzene Schalotten oder Zwiebeln
– Pesto und andere Kräuterpasten

Diese Liste ließe sich endlos fortsetzen.
Manche Suppen lassen sich mit fein geschnittener Zitrusfruchtschale verfeinern. Oft genügt auch schon etwas fein geriebene Muskatnuss für den letzten Schliff. Man kann auch … (fast) alles ist möglich!

PIKANTE MINI-MUFFINS

Ergibt 8 Stück
Zubereitung: 10 Minuten
Backzeit: 20 Minuten

200 g Mehl
½ Päckchen Backpulver
1 Ei
30 g Butter
6 EL Olivenöl
Salz

In einer Schüssel das Mehl mit dem Backpulver mischen und das Ei unterrühren. Die Butter zerlassen (geht ganz schnell in der Mikrowelle) und mit Öl und einer großen Prise Salz zur Mehlmischung geben. Alles kräftig verrühren und die restlichen Zutaten Ihrer Wahl (siehe unten) untermischen.

Tipp: Die Muffins passen besonders gut zu den kalten Suppen.

MUFFINS MIT OLIVEN, TOMATEN UND SARDELLEN

+ 8 schwarze Oliven, entsteint und geviertelt
+ 8 getrocknete Tomaten, geviertelt
+ 4 Sardellenfilets, geviertelt

Den vorbereiteten Muffinteig sorgfältig mit den Zutaten mischen und in eine Muffinform (aus Metall oder Silikon) mit acht kleinen Vertiefungen füllen. 20 Minuten im auf 200 °C vorgeheizten Backofen backen, 5 Minuten abkühlen lassen und aus der Form lösen.

MUFFINS MIT ZIEGENKÄSE UND THYMIAN

+ 8 kleine runde Scheiben Ziegenfrischkäse, geviertelt
+ einige Zweige Thymian, Blätter abgezupft

Den vorbereiteten Teig sorgfältig mit dem Frischkäse und Thymian mischen und in eine Muffinform (aus Metall oder Silikon) mit acht kleinen Vertiefungen füllen. 20 Minuten im auf 200 °C vorgeheizten Backofen backen, 5 Minuten abkühlen lassen und aus der Form lösen.

MUFFINS MIT SPECK, GREYERZER UND PETERSILIE

+ 2 Scheiben geräucherter Speck, in kleine Streifen geschnitten und knusprig gebraten
+ 100 g Greyerzer, gerieben
+ 3–4 Zweige Petersilie, Blätter abgezupft

Den vorbereiteten Muffinteig sorgfältig mit Speck, Käse und Petersilie mischen und in eine Muffinform (aus Metall oder Silikon) mit acht kleinen Vertiefungen füllen. 20 Minuten im auf 200 °C vorgeheizten Backofen backen, 5 Minuten abkühlen lassen und danach aus der Form lösen.

KIRSCHTOMATEN-MOZZARELLA-TORTELETTS

Ergibt 6–8 Stück
Zubereitung: 10 Minuten
Backzeit: 25 Minuten

1 Rolle backfertiger Mürbeteig
(oder selbst gemacht:
150 g Mehl, 1 kleines Ei, Salz,
75 g kalte Butter)
8–10 Kirschtomaten
1 kleines Glas Pesto
1 Kugel Mozzarella
Thymian oder Oregano

Den Backofen auf 180 °C vorheizen. Den gut gekühlten Teig ausrollen und mit einer Ausstechform oder einer kleinen Schale sechs bis acht Kreise daraus ausstechen. Die Teigstücke auf ein Backblech legen und 10 Minuten im heißen Ofen backen.

In der Zwischenzeit die Tomaten waschen und halbieren.
Die Torteletts aus dem Ofen nehmen, jeweils mit einem Teelöffel Pesto bestreichen, mit den Tomatenhälften belegen und nochmals für 10 Minuten in den Backofen schieben.

Währenddessen den Mozzarella in Scheiben schneiden.
Die fertigen Torteletts aus dem Ofen nehmen und den Ofen ausschalten.
Die Torteletts mit dem Mozzarella belegen, erneut in den Ofen schieben und den Käse einige Minuten im geschlossenen (ausgeschalteten) Backofen schmelzen lassen.

TORTILLA

Für 6 Personen
Vorbereitung: 15 Minuten
Garzeit: 30–35 Minuten
Abkühlen: 1 Stunde (nach
Belieben)

500 g Kartoffeln
2 kleine Frühlingszwiebeln
1 Knoblauchzehe
2 EL Olivenöl
Salz, Pfeffer
4 Eier

Die Kartoffeln schälen, waschen und in dünne Scheiben schneiden. Die Frühlingszwiebeln putzen, waschen und die weißen und grünen Teile getrennt fein schneiden. Den Knoblauch schälen und hacken. Das Öl in einer beschichteten Pfanne erhitzen und das Weiße der Zwiebeln mit dem Knoblauch einige Minuten unter Rühren darin goldgelb anschwitzen. Mit Salz und Pfeffer würzen, das Frühlingszwiebelgrün und die Kartoffeln dazugeben und, falls nötig, noch einen Esslöffel Olivenöl hinzufügen.

Die Kartoffeln etwa 10 Minuten bei schwacher bis mittlerer Hitze braten, bis sie durchgegart und leicht gebräunt sind. Die Scheiben dabei beständig wenden und darauf achten, dass sie nicht zerbrechen.

Während die Kartoffeln braten, die Eier kräftig mit einer Gabel verquirlen, aber nicht schaumig aufschlagen.

Die Kartoffelscheiben gleichmäßig in der Pfanne verteilen und mit dem Pfannenwender leicht andrücken. Den Herd auf ganz niedrige Temperatur schalten und die Eier über die Kartoffeln gießen (sie müssen vollständig damit bedeckt sein). Die Tortilla weitere 10 Minuten braten.

Sobald sich die Tortilla leicht vom Pfannenboden lösen lässt, einen Teller in der Größe der Pfanne umgekehrt darauflegen und die Pfanne umdrehen, sodass die ungebackene Seite auf dem Teller liegt. Die Oberseite sollte schön goldgelb sein. Die Tortilla wieder in die Pfanne gleiten lassen und noch etwa 8 Minuten bei sehr geringer Hitze auf der anderen Seite backen. Auf einen Teller gleiten lassen und heiß oder kalt (in diesem Fall muss man sich noch 1 Stunde gedulden) in Stücke geschnitten servieren.

Tipp: Sie können auch mehrere kleine Tortillas backen und die Zutaten variieren. Es passen zum Beispiel auch gut Tomaten dazu.

LINSENSALAT MIT FENCHEL UND AVOCADO

Für 6–8 Personen
Zubereitung: 25 Minuten
Kochzeit: 20 Minuten

200 g Puy-Linsen
Olivenöl
Weinessig
Salz, Pfeffer
1 kleine Knolle Gemüsefenchel
1 Avocado

Die Linsen in 1½ Liter Wasser in etwa 20 Minuten weich garen, in ein Sieb abgießen, abtropfen und abkühlen lassen.

Aus Olivenöl, Essig, Salz und Pfeffer eine Vinaigrette herstellen. Die Linsen in eine Schüssel geben und mit dem Dressing anmachen.

Den Fenchel halbieren und vom harten Strunk befreien. Die Hälften zunächst in Scheiben und dann in kleine Stücke schneiden. Die Avocado schälen, den Kern entfernen und das Fruchtfleisch in feine Spalten oder Würfel schneiden. Beides zu den Linsen geben und vorsichtig unterheben.

KIDNEYBOHNENSALAT

Für 6–8 Personen
Zubereitung: 10 Minuten
Kühlen: 30 Minuten

2 Dosen (à 400 g) Kidneybohnen
½ Salatgurke
150 g Feta
3 EL Olivenöl
Saft von ½ Zitrone
Salz, Pfeffer

Die Bohnen in ein Sieb geben, mit kaltem Wasser abspülen, abtropfen lassen und in eine Schüssel füllen. Die Gurke waschen und mit der Schale (wegen der Farbe und der Vitamine) klein schneiden. Den Feta würfeln und beides zu den Bohnen geben.

Für das Dressing das Öl mit Zitronensaft, Salz und Pfeffer verrühren. Den Salat damit anmachen und vor dem Servieren für 30 Minuten kalt stellen.

Tipp: Wer mag, kann auch nur die Gurke mit dem Käse mischen und Bohnen und Gurke jeweils getrennt mit der Hälfte des Dressings anmachen. Gut passt dazu auch ein wenig klein gehackte Petersilie.

QUINOA-TABOULÉ

Für 6–8 Personen
Zubereitung: 10 Minuten
Kochzeit: 15 Minuten
Kühlen: 10 Minuten

200 g Quinoa
1 Bund glatte Petersilie
2 Minzeblätter
150 g Kirschtomaten
¼ Salatgurke
2 EL Olivenöl
Saft von 1 Zitrone
Salz, Pfeffer

Quinoa nach Packungsanweisung in Salzwasser garen, abgießen und beiseitestellen.

Die Petersilie waschen, die Blätter abzupfen und mit den Minzeblättern hacken. Die Tomaten waschen und klein schneiden. Die Gurke waschen und mit der Schale klein würfeln.

In einer Salatschüssel das Öl mit Zitronensaft, Salz und Pfeffer verrühren, Quinoa, Petersilie, Tomaten und Gurke dazugeben, alles gut vermischen und vor dem Servieren für 10 Minuten kalt stellen.

SCHOKOLADENKUCHEN

Für 4–6 Personen
Zubereitung: 15 Minuten
Backzeit: 25 Minuten

200 g Schokolade (70 % Kakao)
125 g leicht gesalzene Butter in
kleinen Stücken
3 Eier
125 g Zucker
100 g Mehl

Den Backofen auf 200 °C vorheizen.

Die Schokolade und die Butter in kleine Stücke zerteilen und im Wasserbad schmelzen lassen. Anschließend gut umrühren. Die Eier mit dem Zucker schaumig schlagen. Das Mehl hinzufügen und unterrühren.

Die Eiermischung mit der geschmolzenen Schokoladenbutter verrühren und den Teig in eine mit Butter eingefettete Kastenform füllen.

Den Kuchen etwa 20 Minuten im vorgeheizten Ofen backen. Er sollte in der Mitte noch etwas weich sein, denn er wird beim Abkühlen fest.

Aus dem Ofen nehmen und vor dem Stürzen mindestens 20 Minuten bei Raumtemperatur abkühlen lassen.

MIT INGWER *(Foto Seite 176)*

+ 1 kleines Stück Ingwer

Den Kuchen wie oben beschrieben zubereiten, zum Schluss aber noch etwas ganz fein geschnittenen oder geriebenen Ingwer unter den Teig rühren. Den Teig in der Kastenform oder in kleinen Förmchen backen (dann ist die Backzeit etwas kürzer).

MIT ORANGENSCHALE *(Foto Seite 177)*

+ 100 g Orangeat oder
abgeriebene Schale
von 2 unbehandelten Orangen

Den Kuchen wie oben beschrieben zubereiten, zum Schluss aber noch etwas fein gewürfeltes Orangeat oder abgeriebene Orangenschale unter den Teig rühren.

Wenn Sie Orangeat nehmen, die Zuckermenge auf 100 Gramm reduzieren, denn das Orangeat ist bereits relativ süß.

Wenn Sie abgeriebene Orangenschale verwenden, die Orangen vorher gründlich waschen und die Schale mit der groben Seite der Raspel abreiben.

SCHOKOLADENKUCHEN MIT INGWER *(Rezept Seite 174)*

SCHOKOLADENKUCHEN MIT ORANGENSCHALE *(Rezept Seite 174)*

Anhang
Register & Saisonkalender

WISSENSWERTES

FRISCHES GEMÜSE

Je frischer das Gemüse und je besser die Qualität, desto köstlicher wird die Suppe. Achten Sie deshalb beim Einkauf darauf, dass das Gemüse schön fest und die Schale makellos ist und keine Risse, Flecken oder Druckstellen aufweist.

Die Blätter sollten schön grün und knackig sein und nicht schon welk werden. Ganz frische Ware von bester Qualität bekommen Sie in der Regel auf dem Markt, aber Gemüsehändler und Supermärkte bieten ebenfalls gutes Gemüse an. Auch ein Blick auf die Herkunft gibt Aufschluss über die Qualität: Hat das Gemüse bereits eine lange Reise hinter sich, wurde es aller Wahrscheinlichkeit nach in noch nicht ganz ausgereiftem Zustand geerntet, damit es beim Transport nicht verdirbt. Deshalb empfehle ich Ihnen, Ihr Gemüse auf dem Markt, am besten direkt beim Erzeuger, zu kaufen. Achten Sie also auf die Schilder an den Ständen. Die Waren, die dort angeboten werden, stammen – soweit es die Jahreszeit zulässt – meistens aus heimischem Anbau, haben also nicht schon eine lange Reise hinter sich und sind deshalb besonders frisch. Und manchmal gibt es dort sogar seltene Gemüsesorten. Supermärkte dagegen beziehen ihr Gemüse von einem Großhändler (oder einer Zentrale), wo es möglicherweise bereits einige Zeit in Kühlhäusern lagert. Auch Gemüse, das im Winter etwa aus Südeuropa oder Nordafrika importiert wurde, beispielsweise Zucchini, landet erst einmal in einem Kühlhaus und kann so kontinuierlich angeboten werden.

TIEFKÜHLGEMÜSE

Ich bin froh, das ganze Jahr über tiefgekühlten Spinat oder tiefgekühlte Erbsen zur Verfügung zu haben, und mache regen Gebrauch davon. Gegen Tiefkühlgemüse ist absolut nichts einzuwenden. Es hat eine ausgezeichnete Qualität und – was noch wichtiger ist – es erleichtert die Arbeit erheblich. Putzen, schälen, schneiden … das alles kann man sich sparen. Und die Auswahl ist riesig, und das zu jeder Jahreszeit. Eine Einschränkung gibt es allerdings: Von tiefgekühlten Kräutern rate ich Ihnen dringend ab, denn Kräuter büßen beim Tiefkühlen viel an Geschmack ein.

GEMÜSE-KONSERVEN

An Gemüsekonserven verwende ich vor allem Kichererbsen und Kidneybohnen, Kastanien, Mais – und auch Tomaten. Denn was bei uns an frischen Tomaten angeboten wird, ist wirklich traurig. Sind diese perfekt geformten Früchte mit der makellosen, glatten Schale doch zu 99 Prozent wässrig und haben keinerlei Geschmack. Deshalb greife ich, wenn es keine Freilandware – diese etwas unregelmäßig geformten wunderbar roten Tomaten – gibt, auf geschälte Tomaten zurück, die zumeist aus dem Süden kommen und noch wirklich nach Tomaten schmecken.

GETROCKNETE HÜLSENFRÜCHTE

Grüne, gelbe oder rote Linsen, die ich für die hier vorgestellten Suppen verwende, sind überall problemlos zu bekommen. Was die grünen Linsen anbelangt, empfehle ich Ihnen: Tun Sie sich etwas Gutes und kaufen Sie grüne Puy-Linsen (AOC).

Bei Kichererbsen und Kidneybohnen lässt sich die Kochzeit etwas verkürzen, wenn man Dosenware kauft. Dosenbohnen und -erbsen vor der Zubereitung immer erst unter fließendem Wasser abspülen.

ALTE GEMÜSE-SORTEN

Pastinake

Diese spitz zulaufenden Wurzelrüben, die ein wenig wie große Petersilienwurzeln aussehen, bekommt man inzwischen wieder häufiger angeboten. Pastinaken sind ein Wintergemüse und können in vielen Gerichten die Karotten ersetzen. Sie haben einen ganz eigenen, süßlichen und relativ intensiven Geschmack.

Schwarzwurzel

Lassen Sie sich vom etwas ungewöhnlichen Aussehen dieser langen, dünnen Wurzel mit der schwarzen Farbe nicht abschrecken. Um in den vollen Genuss ihres milden, süßlichen Geschmacks zu kommen, der ein wenig an Spargel und Artischocken erinnert, muss man beim Säubern allerdings ein bisschen Mühe aufwenden. Schwarzwurzeln sind ein Wintergemüse – ideal für eine wärmende Suppe.

Kerbelrübe

Kerbelrüben findet man relativ selten, da sie nicht in nennenswertem Umfang angebaut werden. Überdies muss dieses etwas empfindliche Gemüse zwei Monate kühl gelagert werden, damit es seinen charakteristischen Geschmack entfaltet.
Die eher kleine, konisch geformte Wurzel, die auch als Erdkastanie bezeichnet wird, hat einen feinen süßlichen Geschmack, der an Kartoffeln, grüne Äpfel und Kastanien erinnert. Kerbelrüben dürfen nicht zu lange gekocht werden, sonst geht ihr Aroma verloren und es bleibt nur eine mehlige Suppe übrig. Das wäre wirklich schade.

Steckrübe

Die gelben Steckrüben erinnern in der Form ein wenig an große Weiße Rüben. Kaufen Sie möglichst junge, feste Steckrüben, denn mit zunehmendem Alter nehmen sie mitunter einen etwas beißenden Geschmack an. Steckrüben sind ebenfalls ein Wintergemüse und können auf die unterschiedlichste Art zubereitet werden. Ihr Geschmack ist weniger ausgeprägt als der der Weißen Rüben und erinnert ein wenig an Artischocken.

Topinambur

Diese dicken, unregelmäßig geformten Knollen erkennt man an ihrer hellvioletten Farbe. Der Geschmack des Herbst- und Wintergemüses ähnelt dem der Artischocke und hat eine leichte Haselnussnote. Achten Sie beim Einkauf darauf, dass die Knollen schön fest sind und die Schale nicht runzlig ist. Und noch eine gute Nachricht – dieses sättigende Gemüse ist ausgesprochen kalorienarm und durch seinen Inulingehalt das Gemüse für Diabetiker.

GEWÜRZE

Grobes Meersalz: zum Kochen.

Feines Salz: zum Abschmecken.

Pfeffer: Ich mahle über die Suppen vor dem Servieren gerne etwas Pfeffer (ein bis zwei Umdrehungen). Fertig gemahlener Pfeffer hat häufig nur wenig Aroma. Mitunter ersetze ich den Pfeffer auch durch frisch geriebene Muskatnuss.

Sonstige Gewürze: Zimt, Currypulver (noch aromatischer ist Colombopulver), gemahlener Kreuzkümmel und gemahlener Koriander sind für die hier vorgestellten Suppen praktisch unverzichtbar.

Knoblauch: Bitte nur frischen Knoblauch verwenden. Damit er sich leichter schälen lässt, die Zehen vorher für 30 Sekunden in Wasser tauchen. Und die Keime, falls vorhanden, entfernen – vor allem wenn der Knoblauch roh verwendet wird. Er ist sonst schwer verdaulich.

Ingwer: Frischen Ingwer bekommt man heute praktisch überall. Zum Schneiden benötigt man ein gutes Messer oder eine Ingwerreibe, denn das Fruchtfleisch ist sehr faserig. Gegen gemahlenen Ingwer ist nichts einzuwenden, er schmeckt allerdings weniger intensiv.

KÜCHENUTENSILIEN

Zum Kochen

Alles, was Sie brauchen, ist ein ausreichend großer Topf – ein Schmortopf, ein Stieltopf oder ein Schnellkochtopf – mit Deckel. Im Schnellkochtopf verkürzt sich die Kochzeit. Antihaftbeschichtetes Kochgeschirr ist für Suppen, die mit viel Flüssigkeit zubereitet werden, nicht erforderlich.

Zum Pürieren

• Passiermühle: Die Verwendung der Flotten Lotte erfordert ein bisschen mehr Spülaufwand, da die passierte Suppe in einem zweiten Gefäß aufgefangen werden muss. Die verschiedenen Einsätze ermöglichen es, die Suppe mehr oder weniger fein zu pürieren. Aber für Suppen, die nur ganz grob püriert werden, beispielsweise Borschtsch oder Gazpacho, eignet sie sich nicht.

• Mixer: Der Mixer ist ideal für Cremesuppen und sehr sämige Suppen. Für Suppen, die nur grob püriert werden, ist er allerdings nicht ideal.

• Pürierstab: Der lange Stabmixer, den man direkt in den Topf taucht, ist mein absoluter Favorit. Er ist nicht nur außerordentlich praktisch (weil leicht zu reinigen und platzsparend), man kann die Suppen damit auch genau so fein oder grob pürieren, wie man sie haben möchte.

AUFBEWAHRUNG

Eine frisch gekochte Suppe kann ohne Weiteres mehrere Tage (je nach Zutaten 3 bis 5 Tage) im Kühlschrank aufbewahrt werden. Suppen aus leicht verderblichem Gemüse wie Kohl, Kartoffeln und Erbsen verderben allerdings schnell und bekommen einen säuerlichen Geschmack, in diesem Fall sollte man die Suppe umgehend wegschütten.

Ein paar Regeln zum Tiefkühlen:

– Die Suppe in kleinen Portionen (für 1–2 Personen) einfrieren, damit Sie nicht mehr auftauen müssen als notwendig.

– Ungekochte Suppen (Gazpacho, Milchshakes …) eignen sich nicht zum Einfrieren, denn sie enthalten wasserhaltige Gemüsestücke (Gurke, Paprika …), die nach dem Auftauen nicht mehr knackig sind. Zudem sieht die Suppe nicht mehr appetitlich aus.

– Sehr fein pürierte Suppen lassen sich hervorragend einfrieren; gut geeignet sind auch Brühen (in Gefrierbeuteln tiefkühlen). Deshalb sollten Sie, auch wenn Sie dann vielleicht einen halben Tag in der Küche stehen müssen, gleich eine größere Menge zubereiten und einfrieren. So haben Sie jederzeit eine fertige Bouillon zur Hand.

HILFREICHE TIPPS

Esskastanien

Die ungeschälten frischen Kastanien auf der Unterseite kreuzweise einritzen und 5 Minuten in kochendes Wasser legen. Das Schälen der heißen Kastanien ist nicht ganz einfach, denn es müssen auch die darunterliegenden Häutchen entfernt werden. Um sich das zu ersparen, können Sie auf vakuumierte Kastanien oder Dosenware zurückgreifen, die das ganze Jahr über angeboten werden.

Kohl

Ob Weißkohl, Rotkohl oder Wirsing – häufig sind die Köpfe groß und müssen nach dem Anschneiden relativ rasch verbraucht werden. Kaufen Sie deshalb, falls möglich, halbe Köpfe.
Nach dem Waschen müssen lediglich die welken äußeren Blätter entfernt werden. Anschließend halbiert man den Kopf und schneidet den harten Strunk heraus.

Spinat, Sauerampfer …

Blattgemüse stets mehrmals in reichlich Wasser waschen, um Erdreste vollständig zu entfernen. Zum Garen einen möglichst großen Topf verwenden, denn die frischen Blätter sind voluminös. Hat man sie aber erst einmal 5 Minuten erhitzt, bedecken sie gerade noch den Topfboden.

Brennnesseln

Brennnesseln gibt es nicht zu kaufen, man muss sie selber sammeln. Dabei nur die jungen, zarten Triebe pflücken. Die beste Zeit zum Ernten ist im April und Mai. Die Pflanzen sollten nicht höher als 30–40 Zentimeter sein, und man pflückt nur die oberen 15 Zentimeter. Aber Hände weg von blühenden Brennnesseln! Sie sind nicht zum Verzehr geeignet. Auch Brennnesseln, die in der Nähe von Getreidefeldern oder am Straßenrand wachsen, sollte man lieber stehen lassen, denn sie sind möglicherweise mit Pestiziden oder Abgasen belastet. Idealerweise erntet man Brennnesseln im Garten oder auf brachliegenden Feldern. Und beim Pflücken, Waschen und bei der Zubereitung unbedingt Gummihandschuhe tragen!

Lauch

Lauch muss sehr gründlich gewaschen werden, denn zwischen den einzelnen Blattschichten befindet sich oft Erde. Am besten viertelt oder halbiert man die Stangen der Länge nach, entfernt die Wurzeln, schneidet die Stangen in Stücke und wäscht sie.

Kürbis

Ob Muskat-, Butternuss-, Hokkaido- oder Riesenkürbis, im Herbst werden sie in den unterschiedlichsten Größen und Formen überall angeboten. Während die drei erstgenannten aromatisches, festes Fruchtfleisch liefern, ist der Garten- oder Riesenkürbis eher wässrig und geschmacklos.
Kürbisse müssen vor dem Zubereiten geschält werden, mit Ausnahme des Hokkaidokürbisses, der im Geschmack ein wenig an Kastanien erinnert. Da die Schale beim Kochen weich wird und sich sehr gut pürieren lässt, gart man sie mit. Den Kürbis deshalb vorher gründlich waschen.

SAISONKALENDER

GEMÜSE	FRÜHJAHR			SOMMER			HERBST			WINTER		
	MÄRZ	APRIL	MAI	JUNI	JULI	AUG.	SEPT.	OKT.	NOV.	DEZ.	JAN.	FEBR.
Aubergine			●	●	●	●	●					
Blumenkohl			●	●	●	●	●	●				
Brennnessel		●	●	●								
Brokkoli			●	●	●	●	●	●	●			
Erbse					●	●	●	●				
Esskastanie								●	●	●		
Fenchel				●	●	●	●					
Haselnuss						●	●	●				
Hokkaidokürbis					●	●	●					
Karotte	●	●	●	●	●	●	●	●	●	●	●	●
Kartoffel	●	●	●	●	●	●	●	●	●	●	●	●
Kerbelrübe									●	●	●	●
Knollensellerie								●	●	●		
Kohl							●	●	●	●		
Kopfsalat			●	●	●	●	●	●				
Kresse	●	●	●	●	●	●	●	●	●	●	●	●
Lauch	●						●	●	●	●	●	●
Löwenzahn	●	●	●									
Melone				●	●	●	●					

SAISONKALENDER

GEMÜSE	FRÜHJAHR			SOMMER			HERBST			WINTER		
	MÄRZ	APRIL	MAI	JUNI	JULI	AUG.	SEPT.	OKT.	NOV.	DEZ.	JAN.	FEBR.
Muskatkürbis							●	●	●	●		
Paprika				●	●	●	●	●				
Pastinake						●	●	●	●	●	●	●
Rote Bete				●	●	●						
Salatgurke			●	●	●	●	●					
Sauerampfer			●	●	●		●	●				
Schwarzwurzel	●							●	●	●	●	●
Spinat		●	●	●	●	●	●	●	●			
Staudensellerie	●	●			●	●	●	●				
Steckrübe							●	●	●	●	●	●
Tomate					●	●	●	●	●			
Topinambur								●	●	●	●	●
Walnuss							●	●	●			
Weiße Rübchen				●	●	●	●	●	●	●	●	
Weißkohl		●	●	●	●	●	●	●	●	●		
Wirsing	●	●					●	●	●	●	●	●
Zucchini				●	●	●	●					
Zuckermais						●	●	●				
Zwiebel				●	●	●	●					

ZUTATENREGISTER

REZEPTREGISTER

REZEPTVERZEICHNIS

BEZUGSQUELLEN

PEINTURES RESSOURCE: www.ressource-peintures.com

KITCHENAID: www.kitchenaid.de – 0800 50 35 005

STAUB: www.staub.fr

LE BON MARCHÉ: www.lebonmarche.com

TSE-TSE ASSOCIEES: www.tse-tse.com

MUJI: www.muji.de

HABITAT: www.habitat.de – 0800 589 2307

THE CONRAN SHOP: www.conran.com

MERCI: www.merci-merci.com

DANK

Dank an Fritz Talvin, meinen Koch in der Suppenbar, für seine unermüdliche Unterstützung.
Dank an Fabrice Cavarretta, der mich in die Geheimnisse der Bouillon und der asiatischen Suppen eingeweiht hat.

Übersetzung aus dem Französischen: Barbara Holle

Textredaktion: Anja Ashauer-Schupp
Korrektur: Petra Tröger
Satz: Studio Fink, Krailling
Umschlaggestaltung: Caroline Daphne Georgiadis, Daphne Design

2. Auflage 2012
Copyright © 2011 für die deutschsprachige Ausgabe: Christian Verlag GmbH, München

Die Originalausgabe mit dem Titel
SOUPES de saison wurde erstmals 2010 im Verlag Hachette Livre, Paris veröffentlicht.

Copyright © 2010 für den Text: Hachette Livre
Copyright © 2010 für die Fotos: Frédéric Lucano
Copyright © 2010 für Layout und Design: Hachette Livre

Die Deutsche Nationalbibliothek verzeichnet diese Publikation in der Deutschen Nationalbibliografie; detaillierte bibliografische Daten sind im Internet über http://dnb.d-nb.de abrufbar.

Printed in Spain by Gráficas Estella

Alle deutschsprachigen Rechte vorbehalten.

ISBN 978-3-86244-072-6

Alle Angaben in diesem Werk wurden von der Autorin sorgfältig recherchiert und auf den aktuellen Stand gebracht sowie vom Verlag geprüft. Für die Richtigkeit der Angaben kann jedoch keinerlei Haftung übernommen werden. Für Hinweise und Anregungen sind wir jederzeit dankbar. Bitte richten Sie diese an:
Christian Verlag
Postfach 400209
80702 München
E-Mail: lektorat@verlagshaus.de